Pfarrerkalender
Pfarrerinnenkalender
2015

Herausgegeben von
Arndt Ruprecht

T0108343

Vandenhoeck & Ruprecht

Name _____

Straße _____

Ort _____

Fernruf _____

HINWEISE

Dieser Kalender bietet allen, die aktiv im Leben der Kirche stehen, die kalendarischen Hilfen, die zum Mitleben im Kirchenjahr hinführen.

Deshalb enthält der Kalender die Jahreslosung, die Monats- und die Wochensprüche und -lieder, alle Sonntagstexte, die täglichen Bibellesungen und Losungen, kirchliche Gedenktage sowie Hinweise auf katholische, orthodoxe, jüdische und islamische Feiertage. Der Abdruck der Jahreslosung und der Monatssprüche erfolgt mit Genehmigung der ökumenischen Arbeitsgemeinschaft für Bibellesen in Berlin.

Der Kalender bietet viel Platz für Notizen. Deshalb stehen Lesungen und Themen für Gedenktage in der Woche auf der Seite des vorausgehenden Sonntags. Für die *Sonntage* sind die Lesungen und Predigttexte aller sechs Jahrgänge sowie Zusatztexte (**Ps** = Psalm, **M** = Marginaltexte, **A** = Abendlesung) angegeben. Für 2015 gilt Reihe I und ab 1. Advent Reihe II. **K** bezeichnet den Kindergottesdiensttext.

An den *Werktagen* sind zuerst Morgen- und Abendtext der ‚Bibellese nach dem Kirchenjahr‘ angegeben, die der erneuerten Ordnung der Luth. Liturg. Konferenz folgt. Das Thema des Johannis- und des Michaelistages (24.6. und 29.9.) bestimmt jeweils Morgen- und Abendlesung der ganzen Woche. Die weiteren Abkürzungen bedeuten:

F. Fortlaufende (Ökumenische) Bibellese

L. Losung und Lehrtext der Herrnhuter Brüdergemeine.

Arndt Ruprecht

INHALT

Übersichtskalender 2015 . . . . Umschlaginnenseite vorne
Hinweise zur Benutzung 3
Jahreslosung. 5
Eingangsspruch 6
Vormerkkalender 2015. 7
Kalendarium Dezember 2014 19
Tageskalendarium 2015 21
Vormerkkalender 2016. 245
Vormerkkalender 2017. 257
Die beweglichen evangelischen Hauptfeste 2015 bis 2020 259
Besondere Gedenktage. 259
Katholische und orthodoxe Feiertage 260
Jüdische und islamische Feiertage 260
Oster-Tabelle 261
Immerwährender Kalender 262

Die christlichen Kirchen und ihre Arbeitsorganisationen
A. Die evangelischen Kirchen in der Bundesrepublik
    Deutschland. 263
    1. Landeskirchliche Zusammenschlüsse 263 – 2. Zusammenschlüsse innerhalb
    der ev. Kirchen 270 – 3. Landeskirchen 270 – 4. Freikirchen 272 – 5. Frauen-,
    Männer-, Jugend- und Familienarbeit 273 – 6. Diakonische Arbeit 276 –
    7. Missionarische Dienste 280 – 8. Erziehungs-, Bildungs- und Studienarbeit 281 –
    9. Weltmission, Entwicklungs- und Diaspora-Arbeit 285 – 10. Konvente,
    Bruderschaften, Zusammenschlüsse 288 – 11. Liturgie und Kirchenmusik 289 –
    12. Bibel, Buchwesen, Publizistik und Medien 290 – 13. Evangelische
    Einkehrstätten (Orte der Stille) 291
B. Andere Kirchen und interkonfessionelle
    Zusammenschlüsse 292
    1. Die katholische Kirche 292 – 2. Die orthodoxen Kirchen 292 –
    3. Interkonfessionelle Zusammenschlüsse 293
C. Ökumenische und internationale Organisationen 295
D. Die Synagoge. 296

Stundenplan. 300
Anwesenheitsliste. 306
Übersicht der Amtshandlungen. 312
Notizen 318
Kontennummern/Telefonnummern 319
Ferientermine 2015/2016. 320
Übersichtskalender 2016 . . . . Umschlaginnenseite hinten

Nehmt einander an,
wie Christus euch angenommen hat
zu Gottes Lob.

RÖMER 15,7

Gott will,
dass einer dem andern
zum Guten gefalle,
zur Erbauung
und nicht zur Vernichtung.

MARTIN LUTHER

1.	Neujahr (Donnerstag)	
2.	Fr	
3.	Sbd	
4.	2. S. n. Weihn.	2. Wo.
5.	Mo	
6.	Epiphanias	
7.	Mi	
8.	Do	
9.	Fr	
10.	Sbd	
11.	1. S. n. Epiphanias	3. Wo.
12.	Mo	
13.	Di	
14.	Mi	
15.	Do	
16.	Fr	
17.	Sbd	
18.	2. S. n. Epiphanias	4. Wo.
19.	Mo	
20.	Di	
21.	Mi	
22.	Do	
23.	Fr	
24.	Sbd	
25.	L. S. n. Epiphanias	5. Wo.
26.	Mo	
27.	Di	
28.	Mi	
29.	Do	
30.	Fr	
31.	Sbd	

1. 3. S. v. d. P. (Septuagesimae)		6. Wo.
2. Mo		
3. Di		
4. Mi		
5. Do		
6. Fr		
7. Sbd		
8. 2. S. v. d. P. (Sexagesimae)		7. Wo.
9. Mo		
10. Di		
11. Mi		
12. Do		
13. Fr		
14. Sbd		
15. S. v. d. P. (Estomihi)		8. Wo.
16. Rosenmontag		
17. Fastnacht		
18. Aschermittwoch		
19. Do		
20. Fr		
21. Sbd		
22. 1. S. d. P. (Invokavit)		9. Wo.
23. Mo		
24. Di		
25. Mi		
26. Do		
27. Fr		
28. Sbd		

1.	2. S. d. P. (Reminiscere)	10. Wo.
2.	Mo	
3.	Di	
4.	Mi	
5.	Do	
6.	Fr	
7.	Sbd	
8.	3. S. d. P. (Okuli)	11. Wo.
9.	Mo	
10.	Di	
11.	Mi	
12.	Do	
13.	Fr	
14.	Sbd	
15.	4. S. d. P. (Lactare)	12. Wo.
16.	Mo	
17.	Di	
18.	Mi	
19.	Do	
20.	Fr (Frühlingsanfang)	
21.	Sbd	
22.	5. S. d. P. (Judika)	13. Wo.
23.	Mo	
24.	Di	
25.	Mi	
26.	Do	
27.	Fr	
28.	Sbd	
29.	6. S. d. P. (Palmarum) (Anfang Sommerzeit)	14. Wo.
30.	Mo	
31.	Di	

1. Mi	
2. Gründonnerstag	
3. Karfreitag	
4. Karsonnabend	
5. Ostersonntag	15. Wo.
6. Ostermontag	
7. Di	
8. Mi	
9. Do	
10. Fr	
11. Sbd	
12. 1. S. n. O. (Quasimodogeniti)	16. Wo.
13. Mo	
14. Di	
15. Mi	
16. Do	
17. Fr	
18. Sbd	
19. 2. S. n. O. (Misericordias Domini)	17. Wo.
20. Mo	
21. Di	
22. Mi	
23. Do	
24. Fr	
25. Sbd	
26. 3. S. n. O. (Jubilate)	18. Wo.
27. Mo	
28. Di	
29. Mi	
30. Do	

1.	Fr (Maifeiertag)	
2.	Sbd	
3.	4. S. n. O. (Kantate)	19. Wo.
4.	Mo	
5.	Di	
6.	Mi	
7.	Do	
8.	Fr	
9.	Sbd	
10.	5. S. n. O. (Rogate)	20. Wo.
11.	Mo	
12.	Di	
13.	Mi	
14.	Do (Christi Himmelfahrt)	
15.	Fr	
16.	Sbd	
17.	6. S. n. O. (Exaudi)	21. Wo.
18.	Mo	
19.	Di	
20.	Mi	
21.	Do	
22.	Fr	
23.	Sbd	
24.	Pfingstsonntag	22. Wo.
25.	Pfingstmontag	
26.	Di	
27.	Mi	
28.	Do	
29.	Fr	
30.	Sbd	
31.	Trinitatis	23. Wo.

1.	Mo	
2.	Di	
3.	Mi	
4.	Do (Fronleichnam)	
5.	Fr	
6.	Sbd	
7.	1. S. n. Tr.	24. Wo.
8.	Mo	
9.	Di	
10.	Mi	
11.	Do	
12.	Fr	
13.	Sbd	
14.	2. S. n. Tr.	25. Wo.
15.	Mo	
16.	Di	
17.	Mi	
18.	Do	
19.	Fr	
20.	Sbd	
21.	3. S. n. Tr. (Sommeranfang)	26. Wo.
22.	Mo	
23.	Di	
24.	Mi (Johannistag)	
25.	Do	
26.	Fr	
27.	Sbd	
28.	4. S. n. Tr.	27. Wo.
29.	Mo	
30.	Di	

1.	Mi	
2.	Do	
3.	Fr	
4.	Sbd	
5.	5. S. n. Tr.	28. Wo.
6.	Mo	
7.	Di	
8.	Mi	
9.	Do	
10.	Fr	
11.	Sbd	
12.	6. S. n. Tr.	29. Wo.
13.	Mo	
14.	Di	
15.	Mi	
16.	Do	
17.	Fr	
18.	Sbd	
19.	7. S. n. Tr.	30. Wo.
20.	Mo	
21.	Di	
22.	Mi	
23.	Do	
24.	Fr	
25.	Sbd	
26.	8. S. n. Tr.	31. Wo.
27.	Mo	
28.	Di	
29.	Mi	
30.	Do	
31.	Fr	

1.	Sbd	
2.	9. S. n. Tr.	32. Wo.
3.	Mo	
4.	Di	
5.	Mi	
6.	Do	
7.	Fr	
8.	Sbd	
9.	10. S. n. Tr.	33. Wo.
10.	Mo	
11.	Di	
12.	Mi	
13.	Do	
14.	Fr	
15.	Sbd	
16.	11. S. n. Tr.	34. Wo.
17.	Mo	
18.	Di	
19.	Mi	
20.	Do	
21.	Fr	
22.	Sbd	
23.	12. S. n. Tr.	35. Wo.
24.	Mo	
25.	Di	
26.	Mi	
27.	Do	
28.	Fr	
29.	Sbd	
30.	13. S. n. Tr.	36. Wo.
31.	Mo	

1.	Di	
2.	Mi	
3.	Do	
4.	Fr	
5.	Sbd	
6.	14. S. n. Tr.	37. Wo.
7.	Mo	
8.	Di	
9.	Mi	
10.	Do	
11.	Fr	
12.	Sbd	
13.	15. S. n. Tr.	38. Wo.
14.	Mo	
15.	Di	
16.	Mi	
17.	Do	
18.	Fr	
19.	Sbd	
20.	16. S. n. Tr.	39. Wo.
21.	Mo	
22.	Di	
23.	Mi (Herbstanfang)	
24.	Do	
25.	Fr	
26.	Sbd	
27.	17. S. n. Tr.	40. Wo.
28.	Mo	
29.	Di (Michaelistag)	
30.	Mi	

1.	Do	
2.	Fr	
3.	Sbd (Tag der Deutschen Einheit)	
4.	Erntedank	41. Wo.
5.	Mo	
6.	Di	
7.	Mi	
8.	Do	
9.	Fr	
10.	Sbd	
11.	19. S. n. Tr.	42. Wo.
12.	Mo	
13.	Di	
14.	Mi	
15.	Do	
16.	Fr	
17.	Sbd	
18.	20. S. n. Tr.	43. Wo.
19.	Mo	
20.	Di	
21.	Mi	
22.	Do	
23.	Fr	
24.	S	
25.	21. S. n. Tr. (Ende Sommerzeit)	44. Wo.
26.	Mo	
27.	Di	
28.	Mi	
29.	Do	
30.	Fr	
31.	Sbd (Reformationsfest)	

1. 22. S. n. Tr. (Allerheiligen)   45. Wo.

2. Mo

3. Di

4. Mi

5. Do

6. Fr

7. Sbd

8. Drittletzter S.   46. Wo.

9. Mo

10. Di

11. Mi

12. Do

13. Fr

14. Sbd

15. Vorletzter S. (Volkstrauertag)   47. Wo.

16. Mo

17. Di

18. Mi (Buß- und Bettag)

19. Do

20. Fr

21. Sbd

22. Letzter S. (Ewigkeitssonntag/Totensonntag)   48. Wo.

23. Mo

24. Di

25. Mi

26. Do

27. Fr

28. Sbd

29. 1. Advent   49. Wo.

30. Mo

1.	Di	
2.	Mi	
3.	Do	
4.	Fr	
5.	Sbd	
6.	2. Advent	50. Wo.
7.	Mo	
8.	Di	
9.	Mi	
10.	Do	
11.	Fr	
12.	Sbd	
13.	3. Advent	51. Wo.
14.	Mo	
15.	Di	
16.	Mi	
17.	Do	
18.	Fr	
19.	Sbd	
20.	4. Advent	52. Wo.
21.	Mo	
22.	Di (Winteranfang)	
23.	Mi	
24.	Heiligabend (Donnerstag)	
25.	1. Weihnachtstag (Freitag)	
26.	2. Weihnachtstag (Sonnabend)	
27.	Erster S. n. Weihn.	53. Wo.
28.	Mo	
29.	Di	
30.	Mi	
31.	Do (Silvester) Altjahrsabend	

30. 1. Advent   49. Wo.
    P.: Mt. 21,1–9

1. Mo
2. Di
3. Mi
4. Do
5. Fr
6. Sbd

7. 2. Advent   50. Wo.
    P.: Lk. 21,25–33

8. Mo
9. Di
10. Mi
11. Do
12. Fr
13. Sbd

14. 3. Advent   51. Wo.
    P.: Mt. 11,2–6(7–10)

15. Mo
16. Di
17. Mi
18. Do
19. Fr
20. Sbd

21. 4. Advent   52. Wo.

    P.: Lk. 1,(39–45)46–55(56)

---

22. Mo

---

23. Di

---

24. Heiligabend (Mittwoch)

    P.: Lk. 2,1–14(15–20)

---

25. 1. Weihnachtstag (Donnerstag)

    P.: Lk. 2,(1–14)15–20

---

26. 2. Weihnachtstag (Freitag)

    P.: Joh. 1,1–5(6–8)9–14

---

27. Sbd

---

28. 1. S. n. Weih.   1. Wo. 2015

    P.: Lk. 2,(22–24)25–38(39–40)

---

29. Mo

---

30. Di

---

31. Silvester (Mittwoch)

    P.: Lk. 12,35–40

Neujahr / Donnerstag 1.

Tag der Beschneidung und Namengebung des Herrn

I: Lk. 4,16–21.(22–30) **II:** Jak. 4,13–15.(16.17) **III:** Joh. 14,1–6 **IV:** Jos. 1,1–9 **V:** Spr. 16,1–9 **VI:** Phil. 4,10–13.(14–20) **Ps:** 8 **M:** 2. Kön. 23,1–3; Jes. 30,18–22; Hos. 2,16–25 **A:** Jos. 1,1–9

F. Ps. 8 **L.** 5. Mose 2,7; Kol. 3,15

Alles, was ihr tut mit Worten oder mit Werken, das tut alles im Namen des Herrn Jesus und dankt Gott und dem Vater durch ihn (Kol. 3,17)
Lied: Der du die Zeit in Händen hast (EG 64) od. Von guten Mächten treu und still umgeben (EG 65)
Lit. F. weiß

Namengebung Jesu
AT: 1. Mose 17,1–8 **Ep:** Gal. 3,26–29 **Ev:** Lk. 2,21 **M:** Apg. 4,8–12
Lied: Freut euch, ihr Christen all (EG 60)

379 Basilius der Große †
1484 Huldrych Zwingli *
1782 Johann Christian Bach †
1899 Ev. Frauenhilfe gegründet
1945 Bischof Azariah von Dornakal †
1981 Deutsche Bibelgesellschaft

Monatsspruch Januar: Solange die Erde besteht, sollen nicht aufhören Aussaat und Ernte, Kälte und Hitze, Sommer und Winter, Tag und Nacht. *1. Mose 8,22*

2. Freitag

Jos. 24,1–2a.13–18.25–26; Mt. 22,41–46
F. 1. Mose 1,1–13
L. Jer. 14,22; Röm. 5,2

1801 Johann Kaspar Lavater †
1872 Wilhelm Löhe †
1884 Joh. Gerh. Oncken †
        (Begründer d. dt. Baptisten)

(Islam.: Mevlid, Geburtstag des Propheten,
2./3. Jan. und 22./23. Dez.)

3. Sonnabend

2. Mose 2,1–10; Mt. 2,(13–15)19–23
F. 1. Mose 1,14–25
L. Ps. 119,36; Lk. 12,15

 306 Gordius †
1537 Schmalkaldische Artikel
1922 Wilhelm Herrmann †

2. Sonntag nach Weihnachten 4.

I: Lk. 2,41–52   **II:** 1. Joh. 5,11–13   **III:** Joh. 1,43–51   **IV:** Jes. 61,1–3.(4.9)10–11
V: Joh. 7,14–18   **VI:** Röm. 16,25–27   **Ps:** 138,2–5   **M:** 4. Mose 13,25–28; 14,1–3.10b–13.19–
24.31   **A:** Mt. 2.(13–15)19–23

K. Taufe Jesu (Mk. 1,1–11)   **F.** Ps. 33   **L.** Jer. 21,14; Mt. 6,12

Wir sahen seine Herrlichkeit als des eingeborenen Sohnes vom Vater, voller Gnade und
Wahrheit (Joh. 1,14b)
Lied: Also liebt Gott die arge Welt (EG 51) od. O Jesu Christe, wahres Licht (EG 72)
Lit. F. weiß

                    1786 Moses Mendelssohn gestorben
                    1849 Central-Ausschuss für Innere Mission
                    1946 Fritz von Bodelschwingh †

5. Montag

1. Mose 9,12–17; Jes. 8,20–23
F. 1. Mose 1,26–2,4a
L. Ps. 138,2; Mt. 6,9

1547 Johann Heß, Reformator Breslaus, †
1894 Feofan/Theophan †

Epiphanias / Dienstag 6.

I: Mt. 2,1–12   **II:** Eph. 3,2–3a.5–6   **III:** Joh. 1,15–18   **IV:** Kol. 1,24–27   **V:** Jes. 60,1–6
VI: 2. Kor. 4,3–6   **Ps:** 72,1–3.10–13.19 od. Ps. 100   **M:** 4. Mose 24,15–19; 1. Kön. 10,1–9
A: 1. Kön. 10,1–10

F. Ps. 72   **L.** Ps. 118,5; 1. Petr. 2,9

Die Finsternis vergeht, und das wahre Licht scheint jetzt (1. Joh. 2,8b)
Lied: Wie schön leuchtet der Morgenstern (EG 70) od. O König aller Ehren (EG 71)
Lit. F. weiß

1919 Walther Pauker †
1977 Hanns Lilje †

(Kath.: Heilige Drei Könige/Erscheinung des Herrn)

7. Mittwoch

1. Joh. 3,1–6; 4. Mose 24,15–17a(17b–19)
F. 1. Mose 2,4b–17
L. Ps. 51,17; 1. Petr. 4,11

785 Widukind getauft
1590 Jakob Andreae †
1918 Julius Wellhausen †

(Orth.: Weihnachtsfest, [25.12.])

8. Donnerstag

1. Joh. 2,12–17; 5. Mose 18,14–19
F. 1. Mose 2,18–25
L. Jer. 1,17; 2. Kor. 4,5

482 Severin †
1560 Johann v. Laski †
1642 Galileo Galilei †
1794 Justus Möser †
1958 Weltmissionskonferenz in Accra beendet

1825 Erste Sonntagsschule, Hamburg
1825 Schwarzes Kreuz

Freitag 9.

Eph. 4,17–24; Jes. 60,8–14
F. 1. Mose 3,1–13
L. Jer. 3,22; Jak. 4,8–9

10. Sonnabend

1. Joh. 1,5–7; Jes. 62,1–5
F. 1. Mose 3,14–24
L. 5. Mose 6,4; 1. Tim. 2,5–6

165 Karpus und Papylus †
1514 Erste vollständige Ausgabe des
       griechischen NT
1890 Ignaz von Döllinger †

1. Sonntag nach Epiphanias 11.

I: Mt. 3,13–17 **II:** Röm. 12,1–3(4–8) **III:** Mt. 4,12–17 **IV:** 1. Kor. 1,26–31 **V:** Joh. 1,29–34 **VI:** Jes. 42,1–4(5–9) **Ps:** 89,2–6.20–23.27–30   **M:** Jos. 3,5–11.17; Mk. 1,9–13 **A:** 1. Sam. 16,1–3

K. Versuchung Jesu (Mk. 1,12–13)   **F.** Ps. 101   **L.** Ps. 12,2; Joh. 6,67–68

Welche der Geist Gottes treibt, die sind Gottes Kinder (Röm. 8,14)
Lied: O lieber Herre Jesu Christ (EG 68) od. Du höchstes Licht, du ewger Schein (EG 441)
Lit. F. grün

> 1546 Ernst der Bekenner von Braunschweig †
> 1882 Andreas Bräm, Gründer des
>   Erziehungsvereins Neukirchen, †
> 1989 Eberhard Müller, Bad Boll †
>
> (Kath.: Taufe des Herrn)
>
> Internationale Allianzgebetswoche
> Thema: „Jesus lehrt beten" (11 –18. Januar)

12. Montag

Apg. 10,37–48; Joh. 3,22–30
F. 1. Mose 4,1–16
L. 1. Mose 6,8; Apg. 15,11

1871 Erste evangelische Kirche in Rom
1982 Lima-Dokumente

13. Dienstag

Jos. 3,9–17; 1. Kor. 2,11–16
F. 1. Mose 4,17–26
L. Jer. 23,24; Eph. 5,8

367 Hilarius von Poitiers †
533 Remigius v. Reims †
1527 Reformation in Schweden
1635 Philipp Jakob Spener *
1691 George Fox („Quäker") †

1875 Albert Schweitzer *
1919 Traugott Hahn †
1959 Eivind Berggrav, Bischof von Oslo, †

Mittwoch 14.

Kol. 2,1–7; Röm. 8,26–30
F. 1. Mose 6,5–22
L. 1. Sam. 3,9; Apg. 16,14

1914 Hermann v. Soden †
1932 Georg Kerschensteiner †
1949 Jakob Künzler †
1997 Elisabeth Adler †

Donnerstag 15.

Mk. 10,13–16; Eph. 1,3–10
F. 1. Mose 7,11–24
L. Jer. 31,38; Mt. 5,14

16. Freitag

Lk. 12,49–53; Joh. 10,30–39(40–42)
F. 1. Mose 8,1–12
L. 5. Mose 7,7–8; Röm. 9,16

1545 Georg Spalatin †
1645 William Lund †
1987 Georges Casalis †
1999 Oscar Cullmann †

17. Sonnabend

Mt. 6,6–13; Joh. 1,14–18
F. 1. Mose 8,13–22
L. Ps. 24,7; Lk. 12,36

356 Antonius d. Große †
395 Theodosius d. Große †
1715 Caspar Neumann †
1945 Ludwig Steil in Dachau †

2. Sonntag nach Epiphanias **18.**

I: Joh. 2,1–11   **II:** Röm. 12,(4–8)9–16   **III:** 2. Mose 33,17b–23   **IV:** 1. Kor. 2,1–10
V: Mk. 2,18–20.(21–22)   **VI:** Hebr. 12,12–18.(19–21).22–25a   **Ps:** 105,1–8 od. 100
M: Jer. 14,(2–6)7–9; Jer. 17,13–14; Mt. 17,24–27   **A:** 4. Mose 13,17–19a.23–27

K. Berufung der Jünger (Mk. 1,14–20)   **F.** Ps. 70   **L.** Hiob 1,21; 1. Tim. 6,7–8

Das Gesetz ist durch Mose gegeben; die Gnade und Wahrheit ist durch Jesus Christus geworden (Joh. 1,17)
Lied: Gottes Sohn ist kommen (EG 5) od. In dir ist Freude (EG 398)
Lit. F. grün

1871 Zweites Deutsches Reich
1906 Diakonenanstalt Rickling
1945 Siegbert Stehmann †
1960 Sophie Kunert-Benfey †
1986 Gerhard Friedrich †
1987 Joachim Beckmann †

Gebetswoche für die Einheit der Christen
(18.–25. Januar: „Gib mir zu trinken", Brasilien
[oder 17.–24.5.])

19. Montag

5. Mose 4,5–13; Röm. 9,31–10,8
F. 1. Mose 9,1–17
L. Ps. 6,3.4; 2. Kor. 12,9

1563 Heidelberger Katechismus
1576 Hans Sachs †
1733 Brüdermission nach Grönland

(Orth.: Hl. Theophanie/Taufe des Herrn, [6.1.] armen. Weihnachtsfest)

20. Dienstag

Röm. 9,31–10,8; Gal. 3,(15–17)18–25
F. 1. Mose 11,1–9
L. Ps. 33,9; Mt. 8,8

1529 Kleiner Katechismus Martin Luthers
1819 Johann Michael Hahn †
1942 Wannsee-Konferenz (Beschluss der Judenvernichtung)

1815 Matthias Claudius †
1977 Heinrich Bornkamm †

Mittwoch 21.

Lk. 16,14–17(18); Gal. 5,1–6
F. 1. Mose 12,1–9
L. 2. Chr. 20,6; Mt. 28,18–19

 304 Vincentius †
1533 Veit Stoß †
1536 Täufer in Münster hingerichtet
1871 Wilhelm Weitling †
1883 CVJM Berlin
1931 Ladislaus Batthyány-Strattman (Arzt) †

Donnerstag 22.

Apg. 15,22–31; Mt. 17,24–27
F. 1. Mose 12,10–20
L. 5. Mose 8,7; Offb. 22,1–2

23. Freitag

Joh. 7,1–13; Jer. 14,1–9
F. 1. Mose 13,1–18
L. Jes. 64,8; Eph. 2,17

1549 Johannes Honterus †
1561 Menno Simons †
1945 Helmut James Graf v. Moltke
        hingerichtet

24. Sonnabend

5. Mose 33,1–4(7.12–16); 1. Kön. 19,8–18
F. 1. Mose 14,1–16
L. 2. Mose 15,1; Joh. 8,36

1904 Curt von Knobelsdorff (Blaues Kreuz) †
1943 Erich Sack † (Dachau)

Letzter Sonntag nach Epiphanias 25.

I: Mt. 17,1–9   **II:** 2. Kor. 4,6–10   **III:** 2. Mose 3,1–10(11–14)   **IV:** Offb. 1,9–18   **V:** Joh. 12,34–36(37–41)   **VI:** 2. Petr. 1,16–19(20–21)   **Ps:** 97   **M:** 2. Mose 24,1–2.9–11   **A:** 2. Mose 34,29–35

K. Kapernaum (Mk. 1,21–28)   **F.** Ps. 63   **L.** 5. Mose 11,16; Mt. 6,19–21

Über dir geht auf der Herr, und seine Herrlichkeit erscheint über dir (Jes. 60,2b)
Lied: Herr Christ, der einig Gotts Sohn (EG 67)
Lit. F. weiß

Tag der Bekehrung des Apostels Paulus
AT: Jes. 45,22–25   **Ep:** Apg. 9,1–19a   **Ev:** Mt. 19,27–30
Lied: Herr, mach uns stark im Mut, der dich bekennt (EG 154)
Lit. F. rot

1077 Heinrich IV. in Canossa
1366 Heinrich Seuse †
1586 Lucas Cranach d. J. †

Ökumenischer Bibelsonntag

26. Montag

2. Kor. 3,(9–11)12–18;
Hab. 3,1–4.10.11.18.19
F. 1. Mose 14,17–24
L. Jer. 10,7; Apg. 5,29

Um 97 Timotheus und Titus †
   156 Polykarp hingerichtet
  1642 Johann Matthäus Meyfart †
  1895 Theodor Kliefoth †

27. Dienstag

Joh. 1,43–51; 2. Kor. 4,1–5
F. 1. Mose 15,1–21
L. Ps. 142,8; 2. Kor. 3,17

  1852 Paavo Ruotsalainen †
  1945 Befreiung des KZ Auschwitz
  2006 Johannes Rau †

Holocaust Gedenktag
Tag des Gedenkens an die Opfer
des Nationalsozialismus

Mittwoch 28.

814 Karl d. Große †
1868 Adalbert Stifter †
1953 Theophil Wurm †

Joh. 3,31–36; 2. Mose 40,33–38
F. 1. Mose 16,1–16
L. Spr. 8,13; Röm. 6,11

Donnerstag 29.

1499 Katharina von Bora *
1814 Johann Gottlieb Fichte †
1860 Ernst Moritz Arndt †

Offb. 1,(1.2)3–8;
2. Mose 24,1–2.9–12.15–18
F. 1. Mose 17,1–14
L. Ps. 23,4; 2. Kor. 4,8–9

30. Freitag

Joh. 8,12–20; 1. Kor. 2,6–10
F. 1. Mose 17,15–27
L. Dan. 6,11; Röm. 12,12

1648 Friede zu Münster
1919 Xaver Marnitz †
1948 Mahatma Gandhi ermordet
1981 Anna Paulsen †

31. Sonnabend

4. Mose 6,22–27; 1. Mose 6,9–22
F. 1. Mose 18,1–15
L. Hos. 11,3; 2. Tim. 2,13

1864 Nordamerika hebt Sklaverei auf
1950 Müttergenesungswerk
1955 John R. Mott †
1967 Otto Dibelius †

3. Sonntag vor der Passionszeit 1.
Septuagesimae

I: Mt. 20,1–16a   **II:** 1. Kor. 9,24–27   **III:** Lk. 17,7–10   **IV:** Jer. 9,22–23   **V:** Mt. 9,9–13
VI: Röm. 9,14–24   **Ps:** 31,20–25   **M:** 1. Sam. 15,35b–16,13; Mal. 3,13–20; Röm. 4,1–5
A: Röm. 4,1–8

K. Jona will nicht! Jonas Flucht vor Gott (Jon. 1–2)   **F.** Ps. 62   **L.** Jes. 40,10; Offb. 15,4

Wir liegen vor dir mit unserm Gebet und vertrauen nicht auf unsere Gerechtigkeit,
sondern auf deine große Barmherzigkeit (Dan. 9,18)
Lied: Es ist das Heil auf uns kommen her (EG 342) od. Gott liebt diese Welt (EG 409)
Lit. F. grün

2.2.: Tag der Darstellung des Herrn
AT: Mal. 3,1–4   **Ep:** Hebr. 2,14–18   **Ev:** Lk. 2,22–35
Lied: Im Frieden dein, o Herre mein (EG 222) od.
Mit Fried und Freud ich fahr' dahin (EG 519)
Lit. F. weiß

1800 Erstes Missionsseminar in Berlin
1855 Claus Harms †
1923 Ernst Troeltsch †
1981 Ernst Pepping †

Monatsspruch Februar: Ich schäme mich des Evangeliums nicht: Es ist eine Kraft
Gottes, die jeden rettet, der glaubt. *Röm. 1,16*

2. Montag

Lk. 19,1–10; 5. Mose 7,6–12
F. 1. Mose 18,16–33
L. Ps. 16,8; Hebr. 12,1–2

962 Kaiserkrönung Ottos d. Gr.
1881 Jugendbund für entschiedenes
       Christentum
1945 Alfred Delp hingerichtet
1948 Ernst Modersohn †

Darstellung des Herrn/Lichtmess

(Kath. u. Orth.: Darstellung des Herrn/
Lichtmess)

3. Dienstag

Hebr. 12,12–17; 1. Sam. 12,18–25
F. 1. Mose 19,1–14
L. Jes. 11,2; Mt. 3,16

865 Ansgar †
1468 Johannes Gutenberg †
1926 Johannes Lepsius †

Mittwoch 4.

856 Hrabanus Maurus †
1553 Caspar Othmayr †

(Jüd.: Tu biSchwat, Fest der Bäume)

Mt. 10,40–42; Dan. 9,(8–11a)15–19
F. 1. Mose 19,15–29
L. Jer. 24,6; Röm. 8,1

Donnerstag 5.

1622 Martin Behm †
1705 Philipp Jakob Spener †
1993 Hans Jonas †

1. Kor. 3,(1–3)4–8; Hos. 11,1–9
F. 1. Mose 21,1–21
L. Ps. 57,2; Mt. 7,11

6. Freitag

Joh. 2,13–22; Mal. 3,13–18
F. 1. Mose 22,1–19
L. 1. Chr. 29,17; Mt. 5,8

679 Amandus †
1989 Chris Gueffroy, letztes „Mauer-Opfer", †

7. Sonnabend

1. Kor. 1,26–31; Joh. 7,14–18(19–24)
F. 1. Mose 23,1–20
L. Ps. 19,9; Kol. 3,16

1873 Josef Baumgärtner, erster Diakon
     des Rauhen Hauses, †
1909 Adolf Stoecker †

2. Sonntag vor der Passionszeit 8.
Sexagesimae

I: Lk. 8,4–8(9–15)   **II:** Hebr. 4,12–13   **III:** Mk. 4,26–29   **IV:** 2. Kor. (11,18.23b–30)12,1–10
V: Jes. 55,(6–9)10–12a   **VI:** Apg. 16,9–15   **Ps:** 119,89–91.105.116   **M:** Weish. 6,13–17;
Mt. 13,31–33(34–35)   **A:** Mt. 13,10–17

K. Jona muss gehorchen – schlechte Nachrichten für Ninive (Jon. 3)   **F.** Ps. 4   **L.** Hiob
28,28; Jak. 3,17

Heute, wenn ihr seine Stimme hören werdet, so verstockt eure Herzen nicht (Hebr. 3,15)
Lied: Herr, für dein Wort sei hoch gepreist (EG 196) od.
Es wolle Gott uns gnädig sein (EG 280)
Lit. F. grün

1220 Wolfram v. Eschenbach †
1527 Georg Wagner †
1874 David Friedrich Strauß †

9. Montag

5. Mose 32,44–47; Joh. 5,39–47
F. Röm. 1,1–7
L. Hiob 17,3; Röm. 8,34

1555 John Hooper †
1881 Fjodor M. Dostojewski †
1974 Wilhelm Groß, Bildhauer †

10. Dienstag

2. Mose 7,1–13; Hes. 33,30–35
F. Röm. 1,8–15
L. Ps. 140,13; Jak. 2,5

1604 Cyriacus Spangenberg †
1729 Erste Taufe in Grönland
1782 Friedrich Christoph Oetinger †
1947 Entdeckung der Höhlen bei Qumran

Mittwoch 11.

1531 Reformation in England
1650 René Descartes †
1889 Religionsfreiheit in Japan
1958 Heinrich Hermelink †

Mk. 6,1–6; Jes. 28,23–29
F. Röm. 1,16–17
L. Ps. 126,5–6; Gal. 6,9

Donnerstag 12.

1737 Benjamin Schmolck †
1749 Valentin Ernst Löscher †
1804 Immanuel Kant †
1834 Friedrich Schleiermacher †
1913 Deutsche Diakonenschaft

Lk. 6,43–49; 1. Thess. 1,2–10
F. Röm. 1,18–32
L. Ps. 100,3; 1. Joh. 5,20

13. Freitag

Joh. 12,34–36(37–42); 2. Tim. 3,10–17
F. Röm. 2,1–16
L. 1. Chr. 16,31; Mt. 6,13

1798 Christian Friedrich Schwartz †
1869 Gertrud Reichardt (erste Diakonisse) †
1945 Dresden zerstört

14. Sonnabend

Mt. 13,31–35; Lk. 9,51–56
F. Röm. 2,17–29
L. Hag. 1,14; Phil. 1,27

1546 Luthers letzte Predigt
1826 Johannes Daniel Falk †

Sonntag vor der Passionszeit 15.
Estomihi

Esto mihi in lapidem fortissimum et in domum munitam ut salves me. Ps. 31,3b

I: Mk. 8,31–38   **II:** 1. Kor. 13,1–13   **III:** Lk. 10,38–42   **IV:** Am. 5,21–24   **V:** Lk. 18,31–43
VI: Jes. 58,1–9a   **Ps:** 31,2–6   **M:** Spr. 1,20–28; Lk. 8,16–18; Lk. 13,31–35; Eph. 6,18–20
A: Sir. 2,1–13 od. Pred. 7,13–18

K. Hab ich ja gesagt! Jona mault, weil Gott mal wieder gütig ist … (Jon. 4)   **F.** Ps. 60
L. 5. Mose 5,33; Mt. 7,24

Seht, wir gehen hinauf nach Jerusalem, und es wird alles vollendet werden, was geschrieben
ist durch die Propheten von dem Menschensohn (Lk. 18,31)
Lied: Ein wahrer Glaube Gotts Zorn stillt (EG 413) od. Lasset uns mit Jesu ziehen (EG 384)
Lit. F. grün

Passionsandacht in der Woche ab Aschermittwoch (nach EG 790):
Ps. 6 i.A. (EG 704); **AT:** 1. Mose 3; **EvI; EvII: I:** Mt. 26,1–13; 26,14–16; **II:** Mk. 14,1–9; 14,10–
11; **III:** Lk. 22,1 2; 22,3–6, **IV:** Joh. 12,1–11; 12,12–19

1543 Johannes Eck †
1621 Michael Praetorius †
1781 Gotthold Ephraim Lessing †
1945 Georg Maus †

(Orth.: Begegnung des Herrn [2.2.])

16. Montag

Lk. 13,31–35; Mk. 4,21–25
F. Röm. 3,1–8
L. Hes. 34,12; Jud. 22

1497 Philipp Melanchthon *
1885 Theodor Harms †
1924 Wilhelm Schmidt †

17. Dienstag

Lk. 5,33–39; Mt. 11,16–19(20–24)
F. Röm. 3,9–20
L. 1. Mose 39,23; 1. Petr. 3,9

1600 Giordano Bruno hingerichtet
1647 Johann Heermann †
1827 Johann Heinrich Pestalozzi †
1998 Ernst Käsemann †

Aschermittwoch 18.

AT: Joel 2,12–18(19)   **Ep:** 2. Petr. 1,2–11   **Ev:** Mt. 6,16–21
F. Röm. 3,21–26   **L.** Sach. 4,10; Mt. 17,22–23
Bekehret euch zum Herrn von ganzem Herzen, mit Fasten, mit Weinen, mit Klagen. Joel 2,12
Lied: Lasset uns mit Jesus ziehen (EG 384)

1546 Martin Luther †
1564 Michelangelo Buonarotti †

Beginn der Fasten- und Passionsaktion
„7 Wochen Ohne"

1545 Peter Brullius †
1937 Friedrich Weißler, Märtyrer der
Bekennenden Kirche, †

Donnerstag 19.

Sach. 7,2–13; Kol. 3,(5–7)8–11
F. Röm. 3,27–31
L. Rut 2,12; Eph. 2,19

20. Freitag

Joh. 8,21–30; Röm. 7,14–25a
F. Röm. 4,1–12
L. Ps. 148,3.5; Offb. 15,3

1942 Bischof Julius Bursche ermordet
1959 Otto Bartning, Kirchenbaumeister, †

21. Sonnabend

Dan. 5,1–7.17–30; 5. Mose 8,11–18
F. Röm. 4,13–25
L. 2. Sam. 7,18; 2. Tim. 1,9

1677 Baruch Spinoza gestorben
1861 Lars Levi Laestadius †

1. Sonntag der Passionszeit 22.
Invokavit

Invocavit me, et ego exaudiam eum (Er ruft mich an, darum will ich ihn erhören). Ps. 91,15

I: Mt. 4,1–11 **II:** Hebr. 4,14–16 **III:** 1. Mose 3,1–19(20–24) **IV:** 2. Kor. 6,1–10
V: Lk. 22,31–34 **VI:** Jak. 1,12–18 **Ps:** 91,1–4.11–12 **M:** Röm. 6,12–14 **A:** 2. Thess. 3,1–5

K. ... und vergib uns unsere Schuld – Auch ich mache Fehler! (Mt. 6,12a)   **F.** Ps. 30
L. Jer. 51,50; 2. Kor. 5,6–7

Dazu ist erschienen der Sohn Gottes, dass er die Werke des Teufels zerstöre (1. Joh. 3,8b)
Lied: Ein feste Burg ist unser Gott (EG 362) od. Ach bleib mit deiner Gnade (EG 347)
Lit. F. violett

Passionsandacht in der Woche nach Invokavit
Ps. 32 i.A. (EG 717); **AT:** 2. Mose 12,1.3.7–8.12–14.26–27; **EvI; EvII: I:** Mt. 26,17–25; 26,26–
30; **II:** Mk. 14,12–16; 14,17–25; **III:** Lk. 22,7–13; 22,14–23; **IV:** Joh. 12,23–33; 13,1–17

24.2.: Tag des Apostels Matthias
Ep: Apg. 1,15–26   **Ev:** Mt. 11,25–30
Lied: Herr, mach uns stark im Mut, der dich bekennt (EG 154) od. Ich lobe dich von ganzer
Seele (EG 250)
Lit. F. rot

1546 Luthers Begräbnis
1935 Hedwig v. Redern, Liederdichterin, †
1943 Geschwister Hans und Sophie Scholl
       hingerichtet

23. Montag

1. Joh. 3,7–11(12); Joh. 8,37–45
F. Röm. 5,1–5
L. 5. Mose 28,2–3; Mt. 13,16

1662 Johann Crüger, Kirchenmusiker, †
1719 Bartholomäus Ziegenbalg †

24. Dienstag

Hiob 1,1–22; Mk. 14,17–31
F. Röm. 5,6–11
L. Hes. 20,44; 1. Joh. 2,12

303 Diokletians erstes Edikt gegen
die Christen
1868 Carl Olof Rosenius †
1973 Eugen Rosenstock-Huessy †

Tag des Apostels Matthias

1536 Berchtold Haller, Reformator Berns, †
1686 Abraham Calov †
1880 Johann Christoph Blumhardt d. Ä. †
1885 Deutsche Seemannsmission

Mittwoch 25.

1. Kor. 10,9–13; 1. Sam. 18,6–12
F. Röm. 5,12–21
L. Hab. 2,6; 1. Thess. 4,11

1285 Mechthild v. Magdeburg †
1529 Reichstag zu Speyer
1969 Karl Jaspers †

Donnerstag 26.

Jak. 4,1–10; 1. Thess. 3,1–8(9–13)
F. Röm. 6,1–11
L. Jer. 31,18; Lk. 23,42

27. Freitag

Hebr. 2,11–18; Röm. 6,12–18
F. Röm. 6,12–23
L. Ps. 25,8; Röm. 14,1

1531 Schmalkaldischer Bund
1956 Günther Ramin †
1975 Hermann Diem †

28. Sonnabend

Offb. 20,1–6; 1. Sam. 4,1–11
F. Röm. 7,1–6
L. Ps. 40,9; 1. Joh. 5,3

1551 Martin Bucer †
1974 Magdalene von Tiling †

2. Sonntag der Passionszeit 1.
Reminiszere

Reminiscere miserationum tuarum, Domine, et misericordiarum tuarum quae e saeculo sunt. (Gedenke, Herr, an deine Barmherzigkeit!) Ps. 25,6

I: Mk. 12,1–12   **II:** Röm. 5,1–5(6–11)   **III:** Mt. 12,38–42   **IV:** Jes. 5,1–7   **V:** Joh. 8,(21–26a) 26b–30   **VI:** Hebr. 11,8–10   **Ps:** 10,4.11–14.17–18   **M:** 1. Mose 14,17–20; Lk. 9,18–22; Joh. 8,46–59; 2. Kor. 13,3–6   **A:** 1. Mose 37,3.4.12–14.23–35(36)

K. … wie auch wir vergeben unseren Schuldigern – Ich verzeihe dir! (Mt. 6,12b)   **F.** Ps. 10
L. Ps. 36,6; Röm. 8,35

Gott erweist seine Liebe gegen uns darin, dass Christus für uns gestorben ist,
als wir noch Sünder waren (Röm. 5,8)
Lied: Wenn wir in höchsten Nöten sein (EG 366)
Lit. F. violett

Passionsandacht in der Woche nach Reminiszere
Ps. 38 i.A. (EG 721); **AT:** 1. Mose 11,1–9; **EvI; EvII: I:** Mt. 26,31–35; 26,36–46; **II:** Mk. 14,26–31; 14,32–42; **III:** Lk. 22,24–34; 22,35–38; **IV:** Joh. 13,21–30; 18,1–11

1457 Anfang der Brüder-Unität in Böhmen
1522 Luther verlässt die Wartburg
1768 Hermann Samuel Reimarus †

Gebetstag für bedrängte und verfolgte Christen

2. Montag

Jer. 26,1–3.7–16.24; Lk. 20,20–26
F. Röm. 7,7–13
L. 2. Kön. 19,14; Phil. 4,6

1606 Martin Moller †
1791 John Wesley †

3. Dienstag

Hiob 2,1–10; Mk. 14,32–42
F. Röm. 7,14–25
L. Ps. 33,5; Jak. 1,17

 321 Sonntag wird staatlicher Feiertag
1554 Johann Friedrich d. Großmütige †
1982 Martin Fischer †

Mittwoch 4.

1890 Franz Delitzsch †
1948 Elsa Brändström †

2. Mose 17,1–7; Joh. 16,29–33
F. Röm. 8,1–11
L. Ps. 41,5; Jak. 5,15

Donnerstag 5.

1870 Regine Julie Jolberg †
1875 Hermann Friedrich Kohlbrügge †
1986 Helmut Thielicke †

(Jüd.: Purim)

1. Joh. 1,8–2,2(3–6); Gal. 4,13–20
F. Röm. 8,12–17
L. Ps. 119,77; Mt. 22,9–10

6. Freitag

Lk. 9,43b–48; 2. Kor. 13,3–9
F. Röm. 8,18–25
L. 5. Mose 10,21; Röm. 5,11

1522 Luthers Rückkehr nach Wittenberg
1583 Zacharias Ursinus †
1629 Restitutions-Edikt
1984 Martin Niemöller †

Weltgebetstag der Frauen („Jesus sagt zu ihnen:
Versteht ihr, was ich euch getan habe?",
Bahamas)

7. Sonnabend

Gal. 2,16–21; 4. Mose 20,1–13
F. Röm. 8,26–30
L. 2. Mose 23,20; Hebr. 1,14–2,1

 766 Chrodegang v. Metz †
1274 Thomas v. Aquin †
1804 Brit. Bibelgesellschaft
1937 Rudolf Otto †

3. Sonntag der Passionszeit **8.**
Okuli

Oculi semper ad Dominum, quoniam ipse evellet de laqueo pedes meos. (Meine Augen sehen stets auf den Herrn). Ps. 25,15

I: Lk. 9,57–62   **II:** Eph. 5,1–8a   **III:** Mk. 12,41–44   **IV:** 1. Petr. 1,(13–17)18–21   **V:** Jer. 20,7–11a(11b–13)   **VI:** 1. Kön. 19,1–8(9–13a)   **Ps:** 34,16–23   **M:** Lk. 9,51–56; Lk. 12,49–53 **A:** Mt. 19,16–25

K. Durst nach Leben (Joh. 4,5–14.28–30.40–42   **F.** Ps. 34   **L.** Ps. 92,5; Lk. 13,13

Wer seine Hand an den Pflug legt und sieht zurück, der ist nicht geschickt für das Reich Gottes (Lk. 9,62)
Lied: Wenn meine Sünd' mich kränken (EG 82) od. Du schöner Lebensbaum des Paradieses (EG 96)
Lit. F. violett

Passionsandacht in der Woche nach Okuli
Ps. 51 i.A. (EG 727); **AT:** Jes. 42,1–9; **EvI; EvII: I:** Mt. 26,47–56; 26,57–68; **II:** Mk. 14,43–52; 14,53–65; **III:** Lk. 22,39–46; 22,47–53; **IV:** Joh. 18,12–18; 18,19–27

1840 Pilgermission St. Chrischona
1920 Wilhelm Bousset †

Beginn der Woche der Brüderlichkeit
(„Im Gehen entsteht der Weg" – Impulse aus christlich-jüdischer Begegnung

Weltfrauentag

9. Montag

Lk. 14,(25–26)27–33(34–35);
1. Thess. 2,13–20
F. Röm. 8,31–39
L. Ps. 33,17–18; Phil. 3,3

1009 Bruno von Querfurt †
1877 Berliner Stadtmission
1913 Eberhard Nestle †

10. Dienstag

Hiob 7,11–21; Mk. 14,43–52
F. Röm. 9,1–5
L. Ps. 40,18; Röm. 5,5

 320 Vierzig Ritter von Sebaste †
1872 Erste evangelische Gemeinde in Japan
1945 Pax Christi in Frankreich formiert

250 Pionius †
1575 Matthias Flacius †
1888 Friedrich Wilhelm Raiffeisen †
1932 Hermann Gunkel †

Mittwoch 11.

Mk. 9,38–41(42–47); Mt. 13,44–46
F. Röm. 9,6–13
L. Hes. 34,16; Tit. 3,4–5

604 Gregor der Große †
1607 Paul Gerhardt *
1945 Anne Frank gest. (KZ Bergen-Belsen,
vermuteter Todestag)

Leipziger Buchmesse, 12.–15. März

Donnerstag 12.

Mk. 8,(10–13)14–21; Apg. 9,19b–28
F. Röm. 9,14–29
L. 2. Chr. 14,10; Joh. 16,33

13. Freitag

Mt. 10,34–39; Gal. 6,(11–13)14–18
F. Röm. 9,30–10,4
L. 2. Mose 34,9; Mt. 18,20

1559 Georg von Ghese †
1615 Innozenz XII. *
1963 Paul le Seur †
1988 Wilhelm Niesel †

14. Sonnabend

Lk. 17,28–33; Joh. 16,16–23a
F. Röm. 10,5–13
L. Ps. 147,11; Phil. 3,10

968   Mathilde †
1803 Friedrich Gottlieb Klopstock †
1883 Karl Marx †

<h1 style="text-align:center">4. Sonntag der Passionszeit 15.</h1>
<h2 style="text-align:center">Laetare</h2>

Laetare cum Jerusalem, et exsultate in ea, omnes qui diligitis eam. (Freuet euch mit Jerusalem!)
Jes. 66,10

I: Joh. 12,20–26   **II:** 2. Kor. 1,3–7   **III:** Joh. 6,55–65   **IV:** Phil. 1,15–21   **V:** Joh. 6,47–51
VI: Jes. 54,7–10   **Ps:** 84,6–13   **M:** 5. Mose 8,2–3; Amos 8,11–12; Joh. 6,(23–25)26–29
A: Mk. 6,30–44

K. Gott – Lebensquelle für alle (Joh. 4,15–26)   **F.** Ps. 84   **L.** Ps. 113,3; Röm. 15,5–6

Wenn das Weizenkorn nicht in die Erde fällt und erstirbt, bleibt es allein; wenn es aber
erstirbt, bringt es viel Frucht (Joh. 12,24)
Lied: Korn, das in die Erde, in den Tod versinkt (EG 98) od. Jesu, meine Freude (EG 396)
Lit. F. violett

Passionsandacht in der Woche nach Laetare
Ps. 102 i.A. (EG 741); **AT:** Jes. 49,3–6; **EvI; EvII: I:** Mt. 26,69–75; 27,1–14; **II:** Mk. 14,66–72;
15,1–5; **III:** Lk. 22,54–62; 22,63–71; **IV:** Joh. 18,28–32; 18,33–40

1587 Caspar Olevianus †
1933 Theodor von Zahn †
1980 Christhard Mahrenholz †

16. Montag

5. Mose 8,2–10; Joh. 6,26–35
F. Röm. 10,14–21
L. Jer. 7,23; Joh. 14,23

1021 Heribert v. Köln †
1072 Adalbert von Bremen †
1738 Georg Bähr (Frauenkirche Dresden) †
1940 Selma Lagerlöf †

Internationale Wochen gegen Rassismus
(16. bis 29.3.)

17. Dienstag

Hiob 9,14–23.32–35; Mk. 14,53–65
F. Röm. 11,1–10
L. Hos. 14,10; Mt. 7,21

 461 Patrick v. Irland †
1957 Asiat. Kirchenkonferenz Prapat
1970 Günther Dehn †
1988 Walter Nigg †

386 Cyrillus von Jerusalem †
1980 Erich Fromm †
2000 Eberhard Bethge †

Mittwoch 18.

Joh. 15,9–17; Mk. 4,26–29(30–34)
F. Röm. 11,11–16
L. Ps. 63,9; 2. Tim. 1,12

1163 Kloster Loccum
1534 Michael Weiße †
1656 Georg Calixt †
1724 Johanna Eleonore Petersen †
1906 Hessischer Diakonieverein

Donnerstag 19.

2. Kor. 4,11–18; Mk. 10,28–34
F. Röm. 11,17–24
L. Jes. 29,16; Röm. 9,20

20. Freitag

Joh. 10,17–26; Jer. 11,18–20
F. Röm. 11,25–32
L. Jes. 53,12; Kol. 2,15

1239 Hermann v. Salza †
1568 Albrecht v. Preußen †
1889 Albrecht Ritschl †

Frühlingsanfang – Tagundnachtgleiche

21. Sonnabend

Joh. 14,15–21; Lk. 18,31–43
F. Röm. 11,33–36
L. Ri. 10,10; 1. Joh. 1,9

 547 Benedikt v. Nursia †
1487 Nikolaus v. d. Flüe †
1685 Johann Sebastian Bach *
1906 Caroline Wichern †

Internationaler Tag zur Überwindung
von Rassismus

5. Sonntag der Passionszeit 22.
Judika

Judica me, Deus, et discerne causam meam de gente non sancta. (Gott, schaffe mir Recht!) Ps. 43,1

I: Mk. 10,35–45   **II:** Hebr. 5,7–9   **III:** 1. Mose 22,1–13   **IV:** 4. Mose 21,4–9   **V:** Joh. 11,47–53   **VI:** Hebr. 13,12–14   **Ps:** 43   **M:** Jer. 15,(10.15)16–20; Mi. 3,9–12; Hebr. 7,24–27; Hebr. 10,11–14(15–17)18   **A:** Joh. 1,29–34

K. Zeit zum Abschied (Joh. 12,1–8)   **F.** Ps. 69,1–16   **L.** Jes. 2,3; Lk. 13,29

Der Menschensohn ist nicht gekommen, dass er sich dienen lasse, sondern dass er diene und gebe sein Leben zu einer Erlösung für viele (Mt. 20,28)
Lied: O Mensch, bewein dein Sünde groß (EG 76)
Lit. F. violett

Passionsandacht in der Woche nach Judika
Ps. 130 i.A. (EG 751); **AT:** Jes. 50,4–10; **EvI; EvII: I:** Mt. 27,15–26; 27,27–30; **II:** Mk. 15,6–15; 15,16–19; **III:** Lk. 23,1–12; 23,13–25; **IV:** Joh. 19,1–5; 19,6–16a

25.3.: Verkündigung der Geburt des Herrn
AT: Jes. 7,10–14   **Ep:** Gal. 4,4–7   **Ev:** Lk. 1,26–38
Lied: O lieber Herre Jesu Christ (EG 68)
Lit. F. weiß

1832 Johann Wolfgang von Goethe †
1903 Missionar August Schreiber †
1946 Clemens August Graf von Galen †

23. Montag

Hebr. (6,20)7,1–3(16–17)24–27;
Eph. 2,11–16
F. Mt. 26,1–16
L. Ps. 106,6; Mk. 2,17

1566 Wolfgang Fürst zu Anhalt †
1834 Erste Baseler Missionare in Indien
1900 Christian Jensen †
1938 Friedrich Rittelmeyer †
1948 Nikolai Berdjajew †

24. Dienstag

Hiob 19,21–27; Mk. 14,66–72
F. Mt. 26,17–30
L. 1. Mose 2,15; 1. Kor. 4,2

1821 Inquisition in Spanien aufgehoben
1928 Missionskonferenz in Jerusalem (bis 8.4.)
1980 Oscar Arnulfo Romero ermordet

1549 Veit Dietrich †
1801 Novalis †
1954 Gertrud Bäumer †

Verkündigung Mariä

(Kath.: Verkündigung des Herrn)

Mittwoch 25.

Hebr. 9,11–15;
3. Mose 16,1.2.6–10.20–22
F. Mt. 26,31–35
L. 1. Mose 28,17; Mt. 17,5–7

---

 809 Liudger †
1675 Ernst d. Fromme †
1827 Ludwig v. Beethoven †
1883 Harriet Monsell †
1919 Karl Schlau †

Donnerstag 26.

1. Kor. 2,1–5; Jer. 15,15–21
F. Mt. 26,36–46
L. Jes. 51,16; Apg. 18,9–10

27. Freitag

Hebr. 10,1.11–18; Klgl. 3,1–8.14–20
F. Mt. 26,47–56
L. 4. Mose 21,7; 1. Joh. 2,1

718 Ruppert, Apostel der Bayern, †
1327 Meister Eckhart †
1929 Charles Henry Brent †

28. Sonnabend

Offb. 14,1–3(4.5); Joh. 11,46–57
F. Mt. 26,57–68
L. Ps. 40,2; 2. Kor. 1,10

1896 Studentenbund f. Mission
1905 Hoffnungstal bei Bernau
1985 Marc Chagall †
1990 Kurt Scharf †

6. Sonntag der Passionszeit 29.
Palmarum

I: Joh. 12,12–19   **II:** Phil. 2,5–11   **III:** Mk. 14,3–9   **IV:** Jes. 50,4–9   **V:** Joh. 17,1(2–5)6–8
VI: Hebr. 12,1–3   **Ps:** 69,2–4.8–10.21b–22.30   **M:** 2. Mose 12,21–28; Joh. 12,31–33
A: Joh. 17,1–8

K. Ein Wort zum Abschied (Joh. 12,24)   **F.** Ps. 69,17–37   **L.** Jes. 45,12; 1. Kor. 8,6

Der Menschensohn muss erhöht werden, damit alle, die an ihn glauben, das ewige Leben
haben (Joh. 3,14b.15)
Lied: Du großer Schmerzensmann (EG 87)
Lit. F. violett

Passionsandacht in der Karwoche
Ps. 143 i.A. (EG 755); **AT:** Jer. 31,31–34; **EvI; EvII; EvIII: I:** Mt. 27,31–44; 27,45–50; 27,51–
66; **II:** Mk. 15,20–32; 15,33–37; 15,38–47; **III:** Lk. 23,26–38; 23,39–46; 23,47–56; **IV:** Joh.
19,16b–22; 19,23–30; 19,31–42

1722   Emanuel Swedenborg †
1778   Charles Wesley †
1824   Hans Nielsen Hauge †
1866   John Keble †
1896   Bethel-Mission

Beginn Sommerzeit (2.00 Uhr)

30. Montag

Röm. 5,6–11; Mt. 26,6–13
F. Mt. 26,69–75
L. 5. Mose 26,15; Lk. 1,68

1767 Oberlin nach Steintal
1858 Johannes Evangelista Goßner †
1979 Johannes Jänicke †

31. Dienstag

Hiob 38,1–11; 42,1–6; Mk. 15,1–20
F. Mt. 27,1–14
L. Jes. 29,15; Eph. 5,11.13

 260 Akazius v. Melitene †
1727 Isaac Newton †
1924 Eduard Graf Pückler †
1977 Focko Lüpsen (Ev. Presseverband) †

1680 David Denicke †
1859 Amalie Sieveking †
1901 Gründung d. Hessischen Brüderhauses
1957 Vereinigung Innere Mission u. Ev.
Hilfswerk zum Diakonischen Werk

Mittwoch 1.

Jes. 26,20–21; Lk. 22,1–6
F. Mt. 27,15–30
L. Ps. 99,5; Offb. 19,1

Gründonnerstag 2.

I: Joh. 13,1–15(34–35)   **II:** 1. Kor. 11,23–26   **III:** Mk. 14,17–26   **IV:** 1. Kor. 10,16–17
V: 2. Mose 12,1.3–4.6–7.11–14   **VI:** Hebr. 2,10–18   **Ps:** 111   **M:** 2. Mose 24,3–8(9–11);
Mt. 26,20–30   **A:** Mt. 26,36–46

K. Ein Zeichen zum Abschied (Joh. 13,1–15)   **F.** Mt. 27,31–44   **L.** Jes. 40,1; Lk. 14,17

Er hat ein Gedächtnis gestiftet seiner Wunder, der gnädige und barmherzige Herr (Ps. 111,4)
Lied: Das Wort geht von dem Vater aus (EG 223)
Lit. F. weiß

1817 Heinrich Jung-Stilling †
1910 Friedrich v. Bodelschwingh †
2005 Papst Johannes Paul II. †

Monatsspruch April: Wahrlich, dieser ist Gottes Sohn gewesen! *Mt. 27,54*

3. Karfreitag

I: Joh. 19,16–30   **II:** 2. Kor. 5,(14b–18)19–21   **III:** Lk. 23,33–49   **IV:** Hebr. 9,15.26b–28
V: Mt. 27,33–50(51–54)   **VI:** Jes. (52,13–15) 53,1–12   **Ps:** 22,2–6.12.23–28   **M:** Hos. 5,15b–6,6   **A:** Joh. 19,38–42

K. Abschied – es ist vollbracht (Joh. 19,17–30)   **F.** Mt. 27,45–56   **L.** 1. Mose 24,56; Mt. 27,39–40

Also hat Gott die Welt geliebt, dass er seinen eingeborenen Sohn gab, damit alle, die an ihn glauben, nicht verloren werden, sondern das ewige Leben haben (Joh. 3,16)
Lied: Ein Lämmlein geht und trägt die Schuld (EG 83) od. Christe, du Schöpfer aller Welt (EG 92)
Lit. F. schwarz

1769   Gerhard Tersteegen †
1897   Johannes Brahms †
1953   Katharina Staritz †
1991   Graham Greene †

Karsonnabend 4.

I: Mt. 27,(57–61)62–66   **II:** 1. Petr. 3,18–22   **III:** Jon. 2   **IV:** Hebr. 9,11–12.24   **V:** Joh. 19,(31–37)38–42   **VI:** Hes. 37,1–14   **Ps:** 88 i.A. od. 22,2–6.12.23–28   **A:** Mt. 12,38–42

F. Mt. 27,57–66   **L.** 5. Mose 14,2; Joh. 16,27–28

Wir danken dir, Herr Jesu Christ, dass du für uns gestorben bist (EG 79)
Lit. F. schwarz

In der Osternacht
I: Mt. 28,1–10   **II:** Kol. 3,1–4   **III:** Jes. 26,13–14(15–18)19   **IV:** 1. Thess. 4,13–14   **V:** Joh. 5,19–21   **VI:** 2. Tim. 2,8a(8b–13)   **Ps:** 118,14–24
Lied: Christ ist erstanden (EG 99)
Lit. F. weiß

397 Ambrosius v. Mailand †
1693 Christian Scriver †
1968 Martin Luther King ermordet

(Jüd.: Pessach, Passahfest Anfang, 1. Tag
4. bis 11.4.)

5. Ostersonntag

I: Mk. 16,1–8   **II:** 1. Kor. 15,1–11   **III:** Mt. 28,1–10   **IV:** 1. Sam. 2,1–2.6–8a   **V:** Joh. 20,11–18   **VI:** 1. Kor. 15,19–28   **Ps:** 118,14–24   **M:** Lk. 24,1–12; Joh. 20,1–10; 1. Kor. 5,7–8   **A:** Offb. 1,9–18

K. „Warum weinst du?" – Maria Magdalena – angesprochen (Joh. 12,1.11–18)   **F.** Mt. 28,1–10   **L.** Jes. 43,21; Lk. 10,21

Christus spricht: Ich war tot, und siehe, ich bin lebendig von Ewigkeit zu Ewigkeit und habe die Schlüssel des Todes und der Hölle (Offb. 1,18)
Lied: Christ lag in Todesbanden (EG 101) od. Erschienen ist der herrlich Tag (EG 106)
Lit. F. weiß

1553	Anton Corvinus †
1922	Pandita Ramabei Sarasvati †
1937	Adolf Deißmann †
1992	Wahl der ersten Bischöfin (Maria Jepsen) in der EKD

Ostermontag 6.

I: Lk. 24,13–35 **II:** 1. Kor. 15,12–20 **III:** Lk. 24,36–45 **IV:** 1. Kor. 15,50–58 **V:** Jes. 25,8–9
VI: Apg. 10,34a.36–43 **Ps:** 118,14–24 **M:** Apg. 13,30–33.38–39 **A:** Apg. 2,22–32

K. „Warum weinst du?" – Maria Magdalena – angesprochen (Joh. 12,1.11–18) **F.** Mt. 28,11–20 **L.** Ps. 90,4; Offb. 1,17–18

Christus spricht: Ich war tot, und siehe, ich bin lebendig von Ewigkeit zu Ewigkeit und habe die Schlüssel des Todes und der Hölle (Offb. 1,18)
Lied: Christ lag in Todesbanden (EG 101) od. Erstanden ist der heilig Christ (EG 105)
Lit. F. weiß

885	Methodius †
912	Notker †
1528	Albrecht Dürer †
1958	Reinhold Schneider †
1966	Emil Brunner †

7. Dienstag

1. Kor. 15,20–28 und Joh. 20,1–10;
Apg. 3,12–20(21)
F. Röm. 12,1–2
L. Ps. 116,3.4; 1. Kor. 15,57

1348 Universität Prag
1546 Friedrich Myconius †
1881 Johann Hinrich Wichern †
1918 Albert Hauck †
1925 Tichon von Moskau †

(Orth.: Mariä Verkündigung [25.3.])

8. Mittwoch

1. Kor. 15,35–49 und Joh. 20,11–18;
Apg. 13,16a.26–39
F. Röm. 12,3–8
L. 5. Mose 31,13; Lk. 18,16

1586 Martin Chemnitz †
1835 Wilhelm v. Humboldt †
1861 Protestantenpatent in Österreich

1754 Christian Wolff †
1727 Thomas v. Westen †
1934 Rudolf Koch †
1940 Martin Rade †
1945 Dietrich Bonhoeffer hingerichtet

Donnerstag 9.

1. Kor. 15,50–57 und Joh. 21,1–14;
Apg. 26,1.6–9.12.13.19–23
F. Röm. 12,9–21
L. Ps. 119,41; 2. Thess. 2,16–17

1709 Englische Missionsgesellschaft
1985 Klaus Scholder †

Freitag 10.

1. Kor. 5,6b–8 und Lk. 24,36–47;
Apg. 5,(17–21)27–33
F. Röm. 13,1–7
L. 5. Mose 30,2.3; Röm. 6,18

11. Sonnabend

2. Tim. 2,8–13 und Lk. 24,1–12;
Apg. 8,26–39
F. Röm. 13,8–14
L. Spr. 16,7; Röm. 15,33

1648 Matthäus Apelles von Löwenstern †
1894 Evangelischer Diakonieverein
1984 Hildegard Schaeder †

(Jüd.: Pessach, Passahfest Ende, 8. Tag
4. bis 11.4.)

1. Sonntag nach Ostern **12.**
Quasimodogeniti

Quasi modo geniti infantes, rationabile sine dolo lac concupiscite, ut in eo crescatis in salutem. 1. Petr. 2,2

I: Joh. 20,19–29 **II:** 1. Petr. 1,3–9 **III:** Joh. 21,1–14 **IV:** Kol. 2,12–15 **V:** Mk. 16,9–14(15–20) **VI:** Jes. 40,26–31 **Ps:** 116,1–9 **M:** Joh. 17,9–19 **A:** Sir. 17,25–18,6 od. Jes. 45,9–13

K. „Mein Herr und mein Gott!" – Thomas – angerührt (Joh. 20,24–29) **F.** Ps. 116 **L.** 1. Mose 12,2; Mt. 5,13

Gelobt sei Gott, der Vater unseres Herrn Jesus Christus, der uns nach seiner großen Barmherzigkeit wiedergeboren hat zu einer lebendigen Hoffnung durch die Auferstehung Jesu Christi von den Toten (1. Petr. 1,3)
Lied: Jesus Christus, unser Heiland, der den Tod überwand (EG 102)
Lit. F. weiß

> um 1217 Petrus Waldus
> 1886 Bethel-Mission
> 1961 Erster bemannter Weltraumflug
> (J.A. Gagarin)
>
> (Kath.: Weißer Sonntag)
>
> (Orth.: Osterfest [5.4.])

13. Montag

Jes. 42,10–16; 1. Mose 32,22b–32
F. Röm. 14,1–12
L. 3. Mose 25,17; Phil. 2,3

161   Justin d. Märtyrer †
1598   Edikt von Nantes
1882   Bruno Bauer †
1894   Julius August Philipp Spitta †
1956   Emil Nolde †
1994   Kurt Aland †

14. Dienstag

Hiob 42,7–13(14–17); Mk. 16,9–20
F. Röm. 14,13–23
L. Klgl. 3,58; Hebr. 6,19

1684   Johannes Olearius †
1759   Georg Friedrich Händel †
1956   Johannes Busch †

Mittwoch 15.

1659 Simon Dach †
1729 Bachs Matthäuspassion in Leipzig
uraufgeführt
1892 Karoline Fliedner †
1980 Jean-Paul Sartre †
1983 Corrie ten Boom †

1. Petr. 1,22–25; Jes. 66,6–13
F. Röm. 15,1–6
L. Ri. 5,3; Apg. 16,25

Donnerstag 16.

1521 Luther auf dem Reichstag zu Worms
1929 Sundar Singh †

(Jüd.: Jom haScho'a, Tag des Gedenkens an die
Opfer der Schoa)

Joh. 17,9–19; 1. Petr. 2,1–10
F. Röm. 15,7–13
L. Klgl. 1,18; Lk. 15,18

17. Freitag

Lk. 23,50–56; Offb. 7,13–17
F. Röm. 15,14–21
L. Ps. 7,9; Jak. 4,12

1574 Joachim Camerarius †
1867 Adalbert v. Seld (Blaues Kreuz) †
1944 Max Joseph Metzger †

18. Sonnabend

Joh. 12,44–50; Jes. 43,14–21
F. Röm. 15,22–33
L. 2. Mose 4,12; Joh. 15,26–27

1912 Samuel Zeller †
1955 Albert Einstein †

2. Sonntag nach Ostern **19.**
Misericordias Domini

Misericordias Domini plena est terra. (Die Erde ist voll der Güte des Herrn) Ps. 33,5

I: Joh. 10,11–16(27–30)   **II:** 1. Petr. 2,21b–25   **III:** Hes. 34,1–2(3–9)10–16.31   **IV:** 1. Petr. 5,1–4 **V:** Joh. 21,15–19 **VI:** Hebr. 13,20–21   **Ps:** 23   **M:** 5. Mose 18,15–19; Sir. 18,7–14; Joh. 10,1–11; Apg. 20,17–32(33–38)   **A:** Mt. 9,35–10,1(2–4)5–7

K. „Kinder habt ihr nichts zu essen?" – Die Jünger – versorgt (Joh. 21,1–14)   **F.** Ps. 23
L. Sach. 9,10; Phil. 2,9–10

Christus spricht: Ich bin der gute Hirte. Meine Schafe hören meine Stimme, und ich kenne sie, und sie folgen mir, und ich gebe ihnen das ewige Leben (Joh. 10,11.27–28)
Lied: Der Herr ist mein getreuer Hirt (EG 274)
Lit. F. weiß

25.4.: Tag des Evangelisten Markus
AT: Spr. 3,1–6   **Ep:** Apg. 15,36–41   **Ev:** Lk. 10,1–9
Lied: Herr, mach uns stark im Mut, der dich bekennt (EG 154) od. Ich lobe dich von ganzer Seelen (EG 250)
Lit. F. rot

1529 Protestation in Speyer
1560 Philipp Melanchthon †
1882 Charles Darwin †
1956 Arno Pötzsch †

20. Montag   1558 Johannes Bugenhagen †

4. Mose 27,(12–14)15–23; Joh. 10,1–10
F. Röm. 16,1–16
L. Ps. 118,21; Mt. 7,8

21. Dienstag

1. Kor. 4,9–16; 4. Mose 17,16–26
F. Röm. 16,17–27
L. Hiob 40,3–4; Lk. 11,1

1109 Anselm v. Canterbury †
1142 Peter Abaelard †
1808 Johann Hinrich Wichern *

Mittwoch 22.

254 Origines †
1934 Bekenntnisgemeinschaft der Deutschen
 Evangelischen Kirche
1945 Käthe Kollwitz †
2001 Heiko A. Oberman †

Joh. 17,20–26; Jer. 3,14–18
F. Spr. 1,1–7
L. 2. Mose 14,21; Gal. 5,1

Donnerstag 23.

 997 Adalbert v. Prag †
1529 Luthers Großer Katechismus
1616 William Shakespeare †
1945 Friedrich Justus Perels †
1955 Ernst J. Christoffel †
1960 Toyohiko Kagawa †

Eph. 4,(8–10)11–16;
Apg. 20,17–28(29–38)
F. Spr. 1,8–19
L. Jes. 60,20; Jud. 21

24. Freitag

Mt. 26,30–35; Hes. 34,23–31
F. Spr. 1,20–33
L. 2. Chr. 16,9; Offb. 2,2

1570 Johann Walter
1769 Philipp Friedrich Hiller †

Gedenktag der Armenischen Kirche an ihre
Vernichtung in der Türkei 1915

25. Sonnabend

Joh. 14,1–6; 1. Mose 1,1–5
F. Spr. 2,1–22
L. Dan. 9,14; Mt. 20,13.15

1858 Johannesstift Berlin-Spandau
1893 Hermann Gundert †
1901 Fritz Fliedner (Madrid) †
1945 UNO gegründet

Tag des Evangelisten Markus

3. Sonntag nach Ostern 26.
Jubilate

Jubilate Deo, omnis terra. (Jauchzet Gott, alle Lande!) Ps. 66,1

I: Joh. 15,1–8   **II:** 1. Joh. 5,1–4   **III:** Joh. 16,16(17–19)20–23a   **IV:** 2. Kor. 4,16–18
V: 1. Mose 1,1–4a.26–31; 2,1–4a   **VI:** Apg. 17,22–28a(28b–34)   **Ps:** 66,1–9   **M:** Spr. 8,23–32   **A:** 1. Mose 1,6–8

K. Jubeln: Im Himmel und auf Erden (Ps. 148)   **F.** Ps. 103   **L.** Dan. 9,9; Röm. 5,18

Ist jemand in Christus, so ist er eine neue Kreatur; das Alte ist vergangen, siehe, Neues ist geworden (2. Kor. 5,17)
Lied: Mit Freuden zart zu dieser Fahrt (EG 108)
Lit. F. weiß

1.5.: Bittag um gesegnete Arbeit, s. unter 1.5.

Nach 220 Tertullian †
1556 Valentin Trotzendorf †

27. Montag

Röm. 1,18–25; 1. Mose 1,9–13
F. Spr. 3,1–12
L. 1. Chr. 22,19; Phil. 3,13–14

Um 254 Origenes †
1902 Deutsche Zeltmission
1947 Communauté von Taizé
1950 Thomaskantor Karl Straube †
2003 Dorothee Sölle †

28. Dienstag

2. Kor. 5,11–18; 1. Mose 1,14–19
F. Spr. 3,13–26
L. Ps. 27,13; Joh. 17,24

1967 Friedrich Heiler †
1968 Erste Ständige Diakone in der katholischen
       Kirche (Erzdiözese Köln)
2007 Carl Friedrich v. Weizsäcker †

1380 Katharina v. Siena †
1541 Johannes Gramann †
1732 Friedrich Wilhelm I. empfängt
     die Salzburger
1896 Tannenhof b. Lüttringhausen
1972 Harald Poelchau †

Mittwoch 29.

Joh. 8,31–36; 1. Mose 1,20–23
F. Spr. 3,27–35
L. Ps. 66,10; Jak. 1,12

1736 Johann Albert Fabricius †
1877 Diakonenanstalt Nazareth in Bethel
1910 Emil Schürer †
1958 Aktion Sühnezeichen

Donnerstag 30.

Röm. 8,7–11; 1. Mose 1,24–31
F. Spr. 4,10–19
L. Ps. 40,5; Hebr. 10,35

1. Freitag (Maifeiertag)

Bittag um eine gesegnete Arbeit
I: Lk. 16,10–13   **II:** 2. Thess 3,6–16   **III:** 5. Mose 28,2–6.11–14   **VI:** Jak. 5,1–6
V: Mt. 12,10–14   **VI:** 1. Tim. 6,6–11   **Ps:** 127,1–2   **M:** Pred. 11,1–6(7–9); Jer. 22,13–17

Joh. 19,1–7; 1. Mose 2,1–3   **F.** Spr. 4,20–27   **L.** Jes. 43,24–25; Kol. 1,21–22

Der Herr, unser Gott, sei uns freundlich und fördere das Werk unserer Hände (Ps. 90,17)
Lied: In Gottes Namen fang ich an (EG 494)
Lit. F. violett

> 1790 Philipp Matthäus Hahn †
> 1872 Brüderanstalt Moritzburg
> 1873 David Livingstone †

Monatsspruch Mai: Alles vermag ich durch ihn, der mir Kraft gibt. *Phil. 4,13*

Sonnabend 2.

373 Athanasius †
1519 Leonardo da Vinci †
1887 Wittekindshof, diakonische Einrichtung
     für geistig Behinderte
1960 Hans-Joachim Iwand †
1997 Paulo Freire †

Offb. 22,1–5; Spr. 8,23–32
F. Spr. 5,1–23
L. Jes. 49,26; Mt. 20,28

3. 4. Sonntag nach Ostern
Kantate

Cantate Domino canticum novum, quia mirabilia fecit. (Singet dem Herrn ein neues Lied!)
Ps. 98,1

I: Mt. 11,25–30 **II:** Kol. 3,12–17 **III:** Mt. 21,14–17(18–22) **IV:** Apg. 16,23–34 **V:** Jes. 12,1–
6 **VI:** Offb. 15,2–4 **Ps:** 98 **M:** 1. Sam. 16,14–23; Jes. 57,15–19; Tob. 13,1–5,8; Lk. 19,37–
40 **A:** 2. Mose 15,(1–11)19–21

K. Staunen: Wunderbar hast du alles gemacht, Gott (Ps. 104)   **F.** Ps. 108   **L.** Spr. 14,31;
Jak. 2,15–17

Singet dem Herrn ein neues Lied, denn er tut Wunder (Ps. 98,1)
Lied: Lob Gott getrost mit Singen (EG 243) od.
Nun freut euch, lieben Christen g'mein (EG 341)
Lit. F. weiß

Tag der Apostel Philippus und Jakobus des Jüngeren
Ep: 1. Kor. 4,9–15   **Ev:** Joh, 14,1–13
Lied: Herr, mach uns stark im Mut, der dich bekennt (EG 154) od. Ich lobe dich von ganzer
Seelen (EG 250)
Lit. F. rot

          1561 Nikolaus Hermann †
          1728 Beginn der Losungen in Herrnhut
          1815 Thomas Cook †
          1846 Männerarbeit der Evangelischen Kirche
                begonnen

1521 Luther auf der Wartburg
1673 Michael Schirmer †
1888 Ev.-Kirchl. Hilfsverein
1949 Kirchliche Hochschule Hamburg

Montag 4.

Jak. 1,17–25(26.27); Jos. 6,1–5.15–20
F. Spr. 6,6–11
L. Ps. 31,9; Eph. 3,18–19

1038 Godehard v. Hildesheim †
1525 Friedrich der Weise v. Sachsen †
1553 Erasmus Alber †
1949 Gründungstag des Europarates

Dienstag 5.

Lk. 19,36–40; 1. Sam. 16,14–23
F. Spr. 6,12–19
L. Joel 2,26; Apg. 14,17

6. Mittwoch

Röm. 15,14–21; 2. Sam. 6,12–16.20–22
F. Spr. 7,1–27
L. Ps. 27,10; Mt. 28,20

1859 Alexander v. Humboldt †
1869 Stephansstift/Hannover
1975 Kardinal Mindszenty †

7. Donnerstag

1. Kor. 14,6–9.15–19;
Neh. 12,27–31.38.40.42b–43
F. Spr. 8,1–21
L. Ps. 116,9; Röm. 6,23

 973 Otto d. Große †
1449 Ende des Baseler Konzils
1523 Franz v. Sickingen †
1859 Rheinische Märtyrer auf Borneo †
1995 Centrum Judaicum Berlin eröffnet
1999 Schalom Ben-Chorin †

Freitag 8.

390 Gregor v. Nazianz (Gedenktag) († 25.1.390)
1816 Amerikanische Bibelgesellschaft
1945 Ende des Zweiten Weltkrieges in Europa
1991 Annemarie Rübens †

Lk. 22,39–46; Offb. 5,6–14
F. Spr. 8,22–36
L. Jes. 58,1; Gal. 6,7

Sonnabend 9.

1707 Dietrich Buxtehude †
1760 Nikolaus Graf v. Zinzendorf †
1805 Friedrich v. Schiller †
1854 Löhe gründet Neuendettelsau
1950 Entwicklung der Europäischen Gemeinschaft

Joh. 6,(60–62)63–69; Mk. 9,14–29
F. Spr. 9,1–18
L. Jes. 57,11; Mt. 26,75

10. 5. Sonntag nach Ostern
Rogate

I: Joh. 16,23b–28(29–32)33   **II:** 1. Tim. 2,1–6a   **III:** Lk. 11,5–13   **IV:** Kol. 4,2–4(5–6)
V: Mt. 6,(5–6)7–13(14–15)   **VI:** 2. Mose 32,7–14   **Ps:** 95,1–7b   **M:** 2. Mose 17,8–13;
Sir. 34,28–31   **A:** Lk. 18,1–8

K. Fragen: Wie nah bist du, Gott? (Ps. 139)   **F.** Ps. 100   **L.** Hes. 34,30; Apg. 10,36

Gelobt sei Gott, der mein Gebet nicht verwirft, noch seine Güte von mir wendet (Ps. 66,20)
Lied: Zieh ein zu deinen Toren (EG 133) od. Vater unser im Himmelreich (EG 344)
Lit. F. weiß

1527 Johann Hüglin †
1933 Bücherverbrennung

Missionsopferwoche

1621 Johann Arndt †
1903 Arnold Bovet (Blaues Kreuz) †
1916 Max Reger †

Mamertus

Montag 11.

1. Kön. 3,5–15; Mk. 1,32–39
F. Phil. 1,1–11
L. Jes. 40,2; 2. Kor. 6,2

---

 304 Pankratius
1727 Gemeindeordnung in Herrnhut
1989 Europäische Ökumenische Versammlung
    in Basel
1995 Adolf Sommerauer †

Pankratius

Dienstag 12.

2. Mose 17,8–13; Spr. 10,20–30
F. Phil. 1,12–18a
L. Ri. 6,13; 1. Kor. 13,12

13. Mittwoch

Lk. 11,1–4; Dan. 7,1–3.9–14
F. Phil. 1,18b–26
L. Jes. 49,6; Apg. 1,8

1843 Hans Ernst Freiherr von Kottwitz †
1930 Fridtjof Nansen †
1972 Hanna Jursch †
1930 Fridtjof Nansen †

Servatius

Christi Himmelfahrt / Donnerstag **14.**

I: Lk. 24,(44–49)50–53   **II:** Apg. 1,3–4(5–7)8–11   **III:** 1. Kön. 8,22–24.26–28   **IV:** Offb. 1,4–8   **V:** Joh. 17,20–26   **VI:** Eph. 1,20b–23   **Ps:** 47,2–10   **M:** Dan. 7,9–14; Joh. 18,33–38; Offb. 4,1–11   **A:** Offb. 4,1–11

K. Freundschaft für immer – Im Geist ist Jesus nahe (Joh. 14,15–26)   **F.** Ps. 110   **L.** Jes. 2,4; Lk. 1,78–79

Christus spricht: Wenn ich erhöht werde von der Erde,
so will ich alle zu mir ziehen (Joh. 12,32)
Lied: Wir danken dir, Herr Jesu Christ (EG 121)
Lit. F. weiß

1565	Nikolaus v. Amsdorf †
1608	Abschluss d. protestant. Union im Kloster Auhausen bei Nördlingen
1948	Staat Israel
1975	Oskar Hammelsbeck †

Bonifatius

15. Freitag

Joh. 18,33–38; Kol. 1,19–23
F. Phil. 1,27–2,4
L. 5. Mose 5,29; Hebr. 13,9

1548 Augsburger Interim
1971 Ida Friederike Görres †

Sophie

16. Sonnabend

Eph. 6,18–20 (21.22)23–24;
Joh. 12,27–33
F. Phil. 2,5–11
L. 1. Sam. 12,24; Tit. 2,14

1553 Die Fünf Märtyrer von Lyon †
1941 Johannes Kuhlo („Posaunengeneral") †

6. Sonntag nach Ostern **17.**
Exaudi

Exaudi, Domine, vocem meam, qua clamavi ad te; miserere mei, et exaudi me.
(Herr, höre meine Stimme!) Ps. 27,7

I: Joh. 15,26–16,4 **II:** Eph. 3,14–21 **III:** Joh. 7,37–39 **IV:** Jer. 31,31–34 **V:** Joh. 14,15–
19 **VI:** Röm. 8,26–30 **Ps:** 27,1.7–14 **M:** 2. Mose 19,3–6; Jes. 41,8–14; Mt. 10,16–20
A: Kol. 1,1–8

K. Freundschaft für immer – Im Geist ist Jesus nahe (Joh. 14,15–26)   **F.** Ps. 27   **L.** 2. Mose
33,13; Joh. 10,3–4

Christus spricht: Wenn ich erhöht werde von der Erde,
so will ich alle zu mir ziehen (Joh. 12,32)
Lied: Heilger Geist, du Tröster mein (EG 128)
Lit. F. weiß

1510 Sandro Botticelli †

Gebetswoche für die Einheit der Christen
(17.–24. Mai: „Gib mir zu trinken", Brasilien
[oder 18.–25.1])

18. Montag

Hes. 11,14–20; 1. Joh. 4,1–6
F. Phil. 2,12–18
L. Ps. 51,19; Mt. 9,11

1627	Valerius Herberger †
1850	Diakonissenhaus Königsberg Ostpreußen
1949	Bruderschaft Wittekindshof
1966	Paul Althaus †
1993	Heinrich Albertz †

19. Dienstag

Lk. 21,12–19; 1. Kor. 12,1–3
F. Phil. 2,19–30
L. 5. Mose 18,18; Hebr. 1,1–2

804	Alkuin †
1525	Luthers „Messe deutsch" gedruckt
1938	Adolf Schlatter †

325 Konzil von Nizäa (bis 25.8.)
1931 Erklärung von Treysa/Innere Mission
1978 Walter Eichrodt †

Mittwoch 20.

Lk. 12,8–12; Jes. 32,11–18
F. Phil. 3,1–11
L. Ps. 65,6; Kol. 1,23

1536 Reformation in Genf
1690 John Eliot, Missionar, †
1854 Erste Herberge zur Heimat, Bonn
1868 Samuel Hebich †
1945 Paul Humburg †

(Orth.: Christi Himmelfahrt [14.5.])

Donnerstag 21.

Apg. 1,12–26; Jes. 41,8–14(17–20)
F. Phil. 3,12–21
L. Ps. 32,8; Lk. 10,39

22. Freitag

Joh. 19,25–27; Eph. 1,15–23
F. Phil. 4,1–9
L. Jes. 41,16; Phil. 3,1

1690 Johann Jakob Schütz †
1888 Erste Gnadauer Pfingst-Konferenz
1919 Marion v. Klot †

1498 Girolamo Savonarola verbrannt
1618 Beginn d. Dreißigjährigen Krieges
1832 Amalie Sieveking gründet Pflegeheim
      für Frauen
1918 Ludwig Nommensen, Missionar, †
1949 Gründung Bundesrepublik Deutschland

Sonnabend 23.

Sach. 4,1–14; Joh. 16,5–15
F. Phil. 4,10–23
L. Ps. 25,3; 1. Petr. 1,8–9

24. Pfingstsonntag

I: Joh. 14,23–27   **II:** Apg. 2,1–18   **III:** Joh. 16,5–15   **IV:** 1. Kor. 2,12–16   **V:** 4. Mose 11,11–12.14–17.24–25   **VI:** Röm. 8,1–2(3–9)10–11   **Ps:** 118,24–29   **M:** Jes. 44,1–5; Hes. 36,22a.23–28; 2. Kor. 3,12–18; Gal. 3,1–5   **A:** Hes. 36,23–28

K. Freunde halten zusammen – Jesus schenkt neue Kraft (Joh. 20,19–22)   **F.** Ps. 118,1–14
L. Ps. 27,14; Joh. 16,13

Es soll nicht durch Heer oder Kraft, sondern durch meinen Geist geschehen,
spricht der Herr Zebaoth (Sach. 4,6)
Lied: Komm, Heiliger Geist, Herre Gott (EG 125)
Lit. F. rot

1543	Nikolaus Kopernikus †
1592	Nikolaus Selnecker †
1848	Annette v. Droste-Hülshoff †
1872	Julius Schnorr v. Carolsfeld †

(Jüd.: Schawuoth/Wochenfest, 24.–25. Mai)

Nacht der offenen Kirchen

Pfingstmontag 25.

I: Mt. 16,13–19   **II:** 1. Kor. 12,4–11   **III:** 1. Mose 11,1–9   **IV:** Eph. 4,11–15(16)   **V:** Joh. 4,19–26   **VI:** Apg. 2,22–23.32–33.36–39   **Ps:** 100   **M:** 1. Sam. 3,1–10(11–14); Joel 3,1–5; Mk. 13,9–11   **A:** 1. Sam. 3,1–14

K. Freunde halten zusammen – Jesus schenkt neue Kraft (Joh. 20,19–22)   **F.** Ps. 51,12–14
L. Jes. 11,10; Lk. 2,30–32

Es soll nicht durch Heer oder Kraft, sondern durch meinen Geist geschehen,
spricht der Herr Zebaoth (Sach. 4,6)
Lied: Komm, Heiliger Geist, Herre Gott (EG 125) od. Freut euch, ihr Christen alle (EG 129)
Lit. F. rot

1577	Konkordienformel
1604	Cornelius Becker †
1922	Deutscher Evangelischer Kirchenbund in Wittenberg
1991	Heinz Eduard Tödt †

26. Dienstag

Apg. 4,23–31; 1. Kor. 14,1–5.37–40
F. 1. Mose 24,1–28
L. Jes. 59,1–2; Röm. 6,19

604 Augustin von Canterbury †
735 Beda der Ehrwürdige †
1521 Reichsacht über Luther (datiert v. 8.5.)
1976 Martin Heidegger †

27. Mittwoch

Apg. 8,(9–11)12–25; Eph. 1,11–14
F. 1. Mose 24,29–49
L. Sach. 7,9; Mt. 5,7

1525 Thomas Müntzer † (enthauptet)
1564 Johannes Calvin †
1676 Paul Gerhardt †

Donnerstag 28.

1869 Ernst Wilhelm Hengstenberg †
1877 Karl Mez, Freiburg †
1961 amnesty international
1981 Kardinal Stefan Wyszynski †

Amnesty-International Tag

Apg. 11,1–18; 2. Kor. 3,2–8(9)
F. 1. Mose 24,50–67
L. Ps. 23,6; Röm. 8,32

Freitag 29.

1828 Johann Jakobus Hess †
1882 Erster evangelischer Arbeiterverein
1934 Bekenntnissynode von Barmen (bis 31.5.)

Apg. 11,19–26; Gal. 3,1–5
F. 1. Mose 25,19–34
L. Jes. 6,3; Röm. 11,36

30. Sonnabend

Apg. 18,1–11; 1. Mose 18,1–14
F. 1. Mose 27,1–29
L. Jer. 33,6; Mt. 4,23

1416 Hieronymus v. Prag †
1431 Jeanne d'Arc hingerichtet
1714 Gottfried Arnold †
1968 Martin Noth †

Trinitatis 31.

I: Joh. 3,1–8(9–15)   **II:** Röm. 11,(32)33–36   **III:** Jes. 6,1–13   **IV:** Eph. 1,3–14   **V:** 4. Mose 6,22–27   **VI:** 2. Kor. 13,11(12)13   **Ps:** 145 i.A.   **M:** Jes. 44,21–23; Sir. 1,1–10   **A:** 2. Mose 13,13–20

K. In guten wie in schlechten Zeiten – Gottes Geist führt und leitet (Joh. 16,5–15)   **F.** Ps. 111
L. Hab. 3,19; 2. Kor. 4,16

Heilig, heilig, heilig ist der Herr Zebaoth, alle Lande sind seiner Ehre voll (Jes. 6,3)
Lied: Komm, Gott Schöpfer, Heiliger Geist (EG 126) od.
Gelobet sei der Herr, mein Gott (EG 139)
Lit. F. weiß

1680   Joachim Neander †
1809   Joseph Haydn †
1846   Philipp Konrad Marheineke †

(Orth.: Pfingsten [24.5.])

1. Montag

Sir. 1,1–10 und/oder Jer. 10,6–12;
1. Kor. 8,1b–6
F. 1. Mose 27,30–40
L. Jes. 55,7; Jak. 1,21

1797 Johann Friedrich Flattich †
1826 Johann Friedrich Oberlin †
1957 Helene Schweitzer-Breßlau †
1971 Reinhold Niebuhr †

Internationaler Kindertag

2. Dienstag

Jes. 43,8–13; Joh. 5,17–23
F. 1. Mose 27,41–28,9
L. 4. Mose 11,29; 1. Kor. 14,1.3

1694 Waisenhaus Halle eröffnet
1890 Diakonenanstalt Nürnberg-Rummelsberg
1944 Hildegard Jacoby (Dahlemer Kreis für
      verfolgte Juden) †

Monatsspruch Juni: Ich lasse dich nicht los, wenn du mich nicht segnest.
1. Mose 32,27

1905 Hudson Taylor †
1963 Papst Johannes XXIII. †

35. Deutscher Evangelischer Kirchentag in
Stuttgart (bis 7.6.): „Damit wir klug werden"
(Ps. 90,12)

Mittwoch 3.

Apg. 17,(16)22–34; Lk. 10,21–24
F. 1. Mose 28,10–22
L. Ps. 8,7; Mt. 5,5

1718 Jobst Sackmann †
1875 Eduard Mörike †
1884 Ostasien-Mission
1935 Bekenntnissynode in Augsburg

(Kath.: Fonleichnam)

Donnerstag 4.

Eph. 4,1–7; 2. Petr. 1,16–21
F. 1. Mose 29,1–14a
L. Jes. 54,14; Mt. 8,25–26

5. Freitag

Lk. 23,44–49; Hebr. 2,1–10
F. 1. Mose 29,14b–30
L. Ps. 42,2; Joh. 7,37

754 Winfried Bonifatius †
1559 Genfer Akademie
1977 Pastor Friedrich von Bodelschwingh †

6. Sonnabend

Joh. 14,7–14; Am. 3,3–8
F. 1. Mose 31,1–7.14–32
L. Spr. 3,27; Lk. 3,11

1134 Norbert v. Xanten †
1844 CVJM London
1899 Deutscher Evangelischer Frauenbund
1968 Franklin Clark Frey †

1. Sonntag nach Trinitatis 7.

I: Lk. 16,19–31 **II:** 1. Joh. 4,16b–21 **III:** Joh. 5,39–47 **IV:** Jer. 23,16–29 **V:** Mt. 9,35–38; 10,1(2–4)5–7 **VI:** 5. Mose 6,4–9 **Ps:** 34,2–11 **M:** Pred. 12,1–8; Weish. 15,1–3; Sir. 41,1–7; 2. Tim. 3,14–17 **A:** Jon. 1,1–16

K. Hören oder Tun? Den richtigen Zeitpunkt finden (Lk. 10,38–42)   **F.** Ps. 106,1–23
L. Ps. 147,14; Röm. 14,19

Christus spricht: Wer euch hört, der hört mich; und wer euch verachtet,
der verachtet mich (Lk. 10,16)
Lied: Nun bitten wir den Heiligen Geist (EG 124)
Lit. F. grün

1842	Goßnersche Mission
1924	Friedrich Spitta †
1930	Julius Smend †
1933	Ludwig Ihmels †

8. Montag

Lk. 10,1–9(10–15)16; Apg. 4,(1–3)8–21
F. 1. Mose 31,33–54
L. Mal. 1,6; Phil. 2,11

1612 Hans Leo Hassler †
1727 August Hermann Francke †
1917 Hermann Bezzel †

9. Dienstag

Jer. 36,1–6(7–9)10.21–24.27–31;
2. Kor. 1,23–2,4
F. 1. Mose 32,1–22
L. 5. Mose 18,14; Mt. 23,10

1870 Charles Dickens †
1891 Friedrich Zündel †

1877 Friedrich August Tholuck †
1930 Adolf v. Harnack †
1969 Bund der Evangelischen Kirchen in der
Deutschen Demokratischen Republik

Mittwoch 10.

1. Thess. 2,1–8(9–12); Hes. 3,22–27
F. 1. Mose 32,23–33
L. Ps. 40,13.14; Mt. 11,28

888 Rimbert †
1970 Frank C. Laubach †

Donnerstag 11.

Joh. 21,15–19; Tit. 1,1–9
F. 1. Mose 33,1–20
L. Ps. 50,15; 1. Petr. 5,7

12. Freitag

Lk. 22,24–30; Jer. 20,7–11
F. 1. Mose 37,1–11
L. Pred. 5,9; Hebr. 13,5

1575 Renata von Ferrara †

(Kath.: Herz-Jesu-Fest)

13. Sonnabend

Phil. 1,12–18a
F. 1. Mose 37,12–36
L. Ps. 30,3; Jak. 5,16

1525 Luthers Hochzeit
1760 Antoine Court †
1810 Johann Gottfried Seume †
1965 Martin Buber †

(Kath.: Herz Mariä)

2. Sonntag nach Trinitatis **14**.

I: Lk. 14,(15)16–24   **II:** Eph. 2,17–22   **III:** Mt. 22,1–14   **IV:** 1. Kor. 14,1–3.20–25   **V:** Jes. 55,1–3b(3c–5)   **VI:** 1. Kor. 9,16–23   **Ps:** 36,6–11   **M:** Spr. 9,1–6.10(13–18); Mt. 10,7–15; 1. Joh. 3,13–18; Offb. 22,12–17   **A:** Jon. 2,1–11

K. Ich bin dann mal weg – (Auch) Jesus nimmt sich eine Auszeit (Mk. 1,35–39; 6,30–32)
F. Ps. 106,24–48   **L.** Ps. 63,4; Röm. 8,38–39

Christus spricht: Kommt her zu mir alle, die ihr mühselig und beladen seid; ich will euch erquicken (Mt. 11,28)
Lied: Ich lobe dich von ganzer Seele (EG 250) od. Kommt her zu mir, spricht Gottes Sohn (EG 363)
Lit. F. grün

> 1066 Gottschalk der Wende †
> 1594 Orlando di Lasso †
> 1920 Max Weber †
> 1924 Erster Kirchentag in Bethel

15. Montag

Spr. 9,1–10; Joh. 4,5–14(15–18)
F. 1. Mose 39,1–23
L. Jes. 25,8; 1. Kor. 1,28

1125 Taufe der ersten Pommern
1520 Luther gebannt
1588 Georg Israel †
1774 Karl Heinrich v. Bogatzky †

16. Dienstag

2. Mose 2,11–15(16–22)23–25;
2. Kor. 7,2–7
F. 1. Mose 40,1–23
L. Ps. 127,3; Mt. 21,16

1361 Johannes Tauler †
1776 Erste Kleinkinderschule in Steintal

1722 Aufbau von Herrnhut begonnen
1897 Sebastian Kneipp †
1953 Arbeiteraufstand in der DDR

(Islam.: Beginn des 1. Ramadan)

Mittwoch 17.

1. Sam. 1,1–11; Mk. 1,40–45
F. 1. Mose 41,1–36
L. Jos. 24,17; Jud. 24–25

1864 Albert Knapp †
1882 August H. Werner †

Donnerstag 18.

Mt. 15,29–39; Sir. 51,31–38
F. 1. Mose 41,37–57
L. Spr. 15,13; Mt. 12,34–35

19. Freitag

Lk. 23,39–43; Joh. 6,37–40(41–46)
F. 1. Mose 42,1–28
L. Ps. 23,2–3; Joh. 10,27–28

1884 Ludwig Richter †
1922 Düsselthaler Anstalten

20. Sonnabend

Jer. 31,(7)8–14; Lk. 7,36–50
F. 1. Mose 42,29–38
L. Jes. 53,5; 1. Petr. 2,24

1520 Luthers Brief an den christlichen Adel
      Deutscher Nation
1877 Philipp Wackernagel †
1989 Hans Conzelmann †

Welttag des Flüchtlings

3. Sonntag nach Trinitatis 21.

I: Lk. 15,1–3.11b–32   **II:** 1. Tim. 1,12–17   **III:** Lk. 15,1–7.(8–10)   **IV:** 1. Joh. 1,5–2,6
V: Lk. 19,1–10   **VI:** Hes. 18,1–4.21–24.30–32   **Ps:** 103,1–5.8–13   **M:** Mi. 7,7.9.18–19(20);
Tob. 3,14–15.21–23; Joh. 6,37–40   **A:** Jon. 3,1–10

K. Im Spiel die Zeit vergessen – Auch das hat seine Zeit! (Pred. 3,1–13)   **F.** Ps. 107,1–22
L. Spr. 30,8; Mt. 6,11

Der Menschensohn ist gekommen, zu suchen und selig zu machen, was verloren ist (Lk. 19,10)
Lied: Allein zu dir, Herr Jesu Christ (EG 232) od. Jesus nimmt die Sünder an (EG 353)
Lit. F. grün

24.6.: Tag der Geburt Johannes des Täufers, s. 24.6.
I: Lk. 1,57–67(68–75)76–80   **II:** Apg. 19,1–7   **III:** Joh. 3,22–30   **IV:** 1. Petr. 1,8–12
V: Mt. 11,11–15   **VI:** Jes. 40,1–8   **Ps:** 92,2–11   **M:** Lk. 1,5–25   **A:** Joh. 1,6–15
Dies ist das Zeugnis Johannes des Täufers: Er muss wachsen, ich aber muss abnehmen.
(Joh. 3,30)
Lied: Wir wollen singn ein' Lobgesang (EG 141)
Lit. F. weiß

25.6.: Gedenktag der Augsburgischen Konfession
AT: Neh. (7,72)8,1.2.5.6.9–12   **Ep:** 1. Tim. 6,11 16   **Ev:** Mt. 10,26–33
Ich rede von deinen Zeugnissen vor Königen und schäme mich nicht. (Ps. 119,46)
Lied: Es ist das Heil uns kommenher (EG 342)
Lit. F. rot

1788 Johann Georg Hamann †
1852 Friedrich Fröbel †
1914 Bertha von Suttner †
1930 Eva von Tiele-Winckler †
1940 Hermann Stöhr hingerichtet

Sommeranfang – Sonnenwende

22. Montag

Lk. 5,27–32; Jes. 43,22–25
F. 1. Mose 43,1–14
L. 2. Sam. 22,37; Mt. 9,9

1740 Toleranzedikt Friedrichs des Großen
1919 Universität Köln
1947 Weltkonferenz christlicher Jugend Oslo

23. Dienstag

2. Mose 32,30–33,1; Ri. 10,6–16
F. 1. Mose 43,15–34
L. Ps. 4,8; Phil. 4,11

1568 Argula v. Grumbach †
1813 Indien der Mission geöffnet

Mittwoch 24.
Tag der Geburt Johannes des Täufers

I: Lk. 1,57–67(68–75)76–80   **II:** Apg. 19,1–7   **III:** Joh. 3,22–30   **IV:** 1. Petr. 1,8–12
V: Mt. 11,11–15   **VI:** Jes. 40,1–8   **Ps:** 92,2–11   **M:** Lk. 1,5–25   **A:** Joh. 1,6–15
Dies ist das Zeugnis Johannes des Täufers:
Er muss wachsen, ich aber muss abnehmen. (Joh. 3,30)
Lied: Wir wollen singn ein' Lobgesang (EG 141/EKG 114)
Lit. F. weiß

F. 1. Mose 44,1–34   **L.** Jer. 3,14; Mt. 3,1–2

1878 Stephanus-Stiftung, Berlin

1530 Confessio Augustana
1580 Konkordienbuch veröffentlicht
1767 Georg Philipp Telemann †
1942 Hans Lietzmann †

Gedenktag der Augsburgischen Konfession

Donnerstag 25.

Mt. 10,26–33; 2. Kön. 2,1.6–14(15)
F. 1. Mose 45,1–24
L. Jes. 30,18; Offb. 3,20

26. Freitag

Mal. 3,19–24; Joh. 1,19–28
F. 1. Mose 45,25–46,7
L. Jes. 49,13; Tit. 2,11

1529 Sieg der reform. Eidgenossen
1858 China der Mission geöffnet
1945 Gründung der UNO
1988 Hans Urs von Balthasar †

27. Sonnabend

Jer. 17,5–13; Lk. 3,10–18
F. 1. Mose 46,28–34
L. Ps. 8,6; Jak. 1,18

1519 Beginn d. Leipziger Disputation Luthers
      mit Eck
1654 Johann Valentin Andreä †

4. Sonntag nach Trinitatis **28.**

I: Lk. 6,36–42   **II:** Röm. 14,10–13   **III:** 1. Mose 50,15–21   **IV:** 1. Petr. 3,8–15a(15b–17)
V: Joh. 8,3–11   **VI:** Röm. 12,17–21   **Ps:** 42,2–12   **M:** Jak. 1,(19–21)22–25; Jak. 3,13–18
A: Jon. 4,1–11

K. „Man dient Gott auch durch das Nichtstun" (Sach. 8,4–5; Lutherzitat)   **F.** Ps. 107,23–43
L. Ps. 74,22; Mt. 20,1

Einer trage des anderen Last, so werdet ihr das Gesetz Christi erfüllen (Gal. 6,2)
Lied: Komm in unsre stolze Welt (EG 428) od. O Gott, du frommer Gott (EG 495)
Lit. F. grün

29.6.: Tag der Apostel Petrus und Paulus
AT: Jer. 16,16–21   **Ep:** Eph. 2,19–22   **Ev:** Mt. 16,13–19
Wie lieblich sind auf den Bergen die Füße der Freudenboten, die da Frieden verkündigen,
Gutes predigen, Heil verkündigen (Jes. 52,7)
Lied: Herr, mach uns stark im Mut, der dich bekennt (EG 154) od. Ich lobe dich von ganzer
Seelen (EG 250)
Lit. F. rot

2.7.: Tag der Heimsuchung Mariae
AT: Jes. 11,1–5   **Ep:** 1. Tim. 3,16   **Ev:** Lk. 1,39–47(48–55)56
Lied: Mein Seel, o Herr (EG 308) od. Hoch hebt den Herrn mein Herz (EG 309)
Lit. F. weiß

1919 Unterzeichnung des Versailler Vertrages

29. Montag

Lk. 5,17–26; Sir. 28,1–9
F. 1. Mose 47,1–12
L. 5. Mose 23,6; Joh. 12,47

1831 Freiherr vom und zum Stein †
1850 Preußischer Evangelischer Oberkirchenrat
1945 Philipp Popp, ev. Bischof in Jugoslawien,
     ermordet

Tag der Apostel Petrus und Paulus

30. Dienstag

Neh. 9,1–3.29–36; 2. Kor. 2,5–11
F. 1. Mose 47,27–31
L. Ps. 119,114; 2. Thess. 3,3

1139 Otto v. Bamberg, Apostel d. Pommern, †
1522 Johannes Reuchlin †
1901 Hoffbauer-Stiftung Hermannswerder
1947 Lutherischer Weltbund

1784 Friedemann Bach †
1857 Diakonissenhaus Halle
1887 Diakonissenhaus Arolsen

Mittwoch 1.

Mk. 11,(20.21)22–26; 1. Sam. 24,2–20
F. 1. Mose 48,1–22
L. Jer. 23,29; Lk. 12,49

1778 Jean-Jacques Rousseau †
1893 Georg Daniel Teutsch †
1906 Taubstummenblindenhaus Nowawes

Tag der Heimsuchung Mariae

Donnerstag 2.

1. Kor. 12,19–26; 2. Tim. 2,14–19
F. 1. Mose 49,1–28
L. Ps. 63,2; Offb. 21,6

Monatsspruch Juli: Euer Ja sei ein Ja, euer Nein ein Nein; alles andere stammt vom Bösen. *Mt. 5,37*

3. Freitag

Lk. 23,17–26; Phil. 2,1–5
F. 1. Mose 49,29–50,14
L. Ps. 34,7; Lk. 9,38

1570 Aonio Paleario †
1905 Trennung von Kirche und Staat
     in Frankreich
1974 Ernst Lange †

4. Sonnabend

2. Kor. 13,10–13; Hiob 28,12–15.20–28
F. 1. Mose 50,15–26
L. Ps. 7,2; Mt. 5,11

1890 Erstes Christliches Seehospiz Amrum
1958 Birger Forell †
1985 Willem A. Visser't Hooft †

5. Sonntag nach Trinitatis 5.

I: Lk. 5,1–11   **II:** 1. Kor. 1,18–25   **III:** Joh. 1,35–42   **IV:** 1. Mose 12,1–4a   **V:** Lk. 14,25–33   **VI:** 2. Thess. 3,1–5   **Ps:** 73,14.23–26.28   **M:** 1. Kön. 19,19–21; Hiob 28,12–14.20–28; Hes. 2,3–8a; Gal. 1,11–24   **A:** 1. Kön. 19,19–21

K. Der Schatz der Verwandlung – Hochzeit zu Kana (Joh. 2,1–12)   **F.** Ps. 114   **L.** 1. Sam. 2,8; Lk. 15,4–5

Aus Gnade seid ihr selig geworden durch Glauben, und das nicht aus euch: Gottes Gabe ist es (Eph. 2,8)
Lied: Preis, Lob und Dank sei Gott dem Herrn (EG 245) od. Wach auf, du Geist der ersten Zeugen (EG 241)
Lit. F. grün

1947	Weltmissionskonferenz Whitby (bis 23.)
1948	Georges Bernanos †
1975	Rudolf Smend (Kirchenrechtler) †
1978	Lieselotte Nold †
1986	Lothar Kreyssig †

6. Montag

Lk. 6,12–19; Gal. 1,13–24
F. Mt. 4,18–22
L. Jes. 57,19; Eph. 2,14

1415 Johannes Hus verbrannt
1502 Universität Wittenberg
1758 Johann Andreas Rothe †
1937 Kasseler Botschaft an die Gemeinden

7. Dienstag

1. Mose 35,1–5a.9–15;
Röm. 9,14–23(24–26)
F. Mt. 4,23–25
L. 1. Kön. 8,29; Hebr. 3,6

1531 Tilman Riemenschneider †
1935 Karen Jeppe †
1954 Deutscher Evangelischer Kirchentag
     in Leipzig
1976 Gustav Heinemann †

689 Kilian †
1681 Georg Neumark †
1911 Luise-Henrietten-Stift Lehnin
1936 Heinrich Coerper, Gründer der
Liebenzeller Mission, †

Mittwoch 8.

Hes. 2,3–8a; Mt. 8,18–22
F. Mt. 5,1–12
L. 5. Mose 11,7; 1. Joh. 1,3

1677 Johann Scheffler (Angelus Silesius) †
1706 Missionar Bartholomäus Ziegenbalg
landet in Trankebar/Indien
1888 Naemi-Wilke-Stift in Guben

Donnerstag 9.

Apg. 15,4–12; Mt. 16,24–28
F. Mt. 5,13–20
L. Neh. 8,10; Phil. 4,4

10. Freitag

Lk. 22,31–34; 2. Kor. 12,1–10
F. Mt. 5,21–26
L. Nah. 2,1; Joh. 20,21

1509 Johannes Calvin *
1584 Wilhelm v. Oranien †
1929 Missionskonferenz Jerusalem

11. Sonnabend

Phil. 3,12–16; Mk. 1,9–15
F. Mt. 5,27–32
L. 2. Kön. 5,17; Röm. 12,2

1553 Moritz v. Sachsen †
1948 Gerhard Kittel †
1969 Friedrich Siegmund-Schultze †

6. Sonntag nach Trinitatis 12.

I: Mt. 28,16–20   **II:** Röm. 6,3–8(9–11)   **III:** 5. Mose 7,6–12   **IV:** Apg. 8,26–39
V: Jes. 43,1–7   **VI:** 1. Petr. 2,2–10   **Ps:** 139,1–16.23–24   **M:** 1. Mose 7 und 8 i.A.;
2. Mose 14,8b–31 i.A.; Geb. Man. 1–6   **A:** 1. Mose 7,7–10.8,(6–11)14–17

K. Der Schatz des Vertrauens – Heilung am Teich Betesda (Joh. 5,1–9)   **F.** Ps. 119,1–8
L. Jes. 2,2.4; Lk. 3,14

So spricht der Herr, der dich geschaffen hat: Fürchte dich nicht, denn ich habe dich erlöst,
ich habe dich bei deinem Namen gerufen, du bist mein (Jes. 43,1)
Lied: Ich bin getauft auf deinen Namen (EG 200)
Lit. F. grün

1536 Erasmus v. Rotterdam †
1575 Renata v. Ferrara †
1931 Nathan Söderblom †
1971 Gerhard Jacobi †

13. Montag

2. Mose 14,15–22; 1. Kor. 10,1–4 (5–8)
F. Mt. 5,33–37
L. Joel 2,13; Lk. 18,13

1024 Heinrich II. †
1695 Grundsteinlegung Waisenhaus Halle
1948 Grundordnung der EKD

14. Dienstag

Apg. 2,32–40; Joh. 7,37–44
F. Mt. 5,38–48
L. 1. Sam. 17,37; Phil. 4,7

1850 Johann August Neander †
1929 Karoline Utriainen †
1933 Verfassung der Deutschen Evangelischen
      Kirche
1941 Martin Gauger † (ermordet)

1099 Jerusalem von Kreuzfahrern erobert
1274 Johannes Bonaventura †
1814 Wuppertaler Traktatgesellschaft

Mittwoch 15.

Apg. 16,23–34; 5. Mose 30,1–6
F. Mt. 6,1–4
L. Ps. 146,3; Mt. 15,14

 622 Hedschra (Beginn d. islam. Zeitrechnung)
1054 Trennung von West- und Ostkirche
1664 Andreas Gryphius †
1937 Wilhelm Zöllner †
1985 Heinrich Böll †

Donnerstag 16.

Mt. 18,1–6; 1. Kor. 12,12–18
F. Mt. 6,5–15
L. Jes. 55,9; Röm. 11,33

17. Freitag

Joh. 19,31–37; 1. Joh. 5,5–10
F. Mt. 6,16–18
L. Ps. 25,12; Eph. 5,1–2

180 Märtyrer von Scili †
1505 Luther tritt ins Augustiner-Kloster
      Erfurt ein
1756 Johann Friedrich Starck (Gebetbuch) †
1970 Daniel T. Niles †

(Islam.: Fastenbrechen, 17.7.–19.7.)

18. Sonnabend

Offb. 3,1–6; 1. Mose 14,17–20
F. Mt. 6,19–23
L. Ps. 139,16; Joh. 1,48

1870 Vaticanum I (Unfehlbarkeitslehre)
1939 Paul Schneider ermordet
1988 Josiah Kibira †

7. Sonntag nach Trinitatis 19.

I: Joh. 6,1–15   **II:** Apg. 2,41a.42–47   **III:** Joh. 6,30–35   **IV:** Phil. 2,1–4   **V:** Lk. 9,10–17
VI: 2. Mose 16,2–3.11–18   **Ps:** 107,1–9   **M:** Lk. 14,7–11; Offb. 19,6–9   **A:** 2. Kön. 4,38–44

K. Der Schatz der Vergebung – Jesus und die Ehebrecherin (Joh. 8,1–11)   **F.** Ps. 119,9–16
L. Ps. 29,11; Röm. 5,1

So seid ihr nun nicht mehr Gäste und Fremdlinge, sondern Mitbürger der Heiligen und Gottes
Hausgenossen (Eph. 2,19)
Lied: Das sollt ihr, Jesu Jünger, nie vergessen (EG 221) od. Sei Lob und Ehr dem höchsten Gut
(EG 326)
Lit. F. grün

25.7.: Tag des Apostels Jakobus des Älteren
Ep: Röm. 8,28–39   **Ev:** Mt. 20,20–23
Lied: Herr, mach uns stark im Mut, der dich bekennt (EG 154) od.
Ich lobe dich von ganzer Seelen (EG 250)
Lit. F. rot

  64 Brand Roms
1810 Königin Luise †
1950 Zentralrat der Juden in Deutschland
1952 Elly Heuss-Knapp †

20. Montag

2. Chr. 30,13–22; Joh. 6,47–56
F. Mt. 6,24–34
L. Jes. 25,8; 2. Kor. 1,3–4

307 Margareta †
1160 Petrus Lombardus †
1899 Lepraheim Memel

21. Dienstag

Mt. 22,1–14; 1. Kor. 11,20–22.27–34
F. Mt. 7,1–6
L. 1. Sam. 26,23; Mt. 5,10

1773 Aufhebung des Jesuitenordens (bis 1814)
1827 Johannes Jänicke, Missionstheologe, †

Mittwoch 22.

1431 Konzil Basel beginnt
1860 Moritz Bräuninger, Missionar, †

Sach. 8,9–17; Lk. 14,7–14
F. Mt. 7,7–11
L. Jer. 30,19; Mt. 13,31–32

Donnerstag 23.

1373 Birgitta von Schweden †
1532 Nürnberger Religionsfriede
1933 Kirchenwahlen mit Sieg der
„Deutschen Christen"

1. Kor. 10,16–17; Apg. 10,(21–23)24–36
F. Mt. 7,12–23
L. Mi. 7,8; Joh. 12,46

24. Freitag

Lk. 22,14–20; Hebr. 9,1–11
F. Mt. 7,24–29
L. Jes. 12,1; Joh. 6,37

1719 Arp Schnitger †
1936 Georg Michaelis (DCSV) †
1975 Charlotte von Kirschbaum †

25. Sonnabend

Offb. 19,4–9; 5. Mose 10,10–15(16–22)
F. Mt. 8,1–4
L. 1. Sam. 2,6; Hebr. 13,20–21

1471 Thomas von Kempen †
1837 Luise Scheppler †
1877 Johann Heinrich Volkening †

Tag des Apostels Jakobus des Älteren

8. Sonntag nach Trinitatis 26.

I: Mt. 5,13–16   **II:** Eph. 5,8b–14   **III:** Jes. 2,1–5   **IV:** 1. Kor. 6,9–14.18–20   **V:** Joh. 9,1–7
VI: Röm. 6,19–23   **Ps:** 48,2–3a.9–11   **M:** Phil. 2,14–16(17–18); Offb. 10,1–11   **A:** Mt. 7,7–
12

K. Der Schatz der Verantwortung – Heilung eines Blindgeborenen (Joh. 9,1–11)   **F.** Ps. 119,17–
24   **L.** Ps. 62,9; 1. Joh. 5,14

Lebt als Kinder des Lichts; die Frucht des Lichts ist lauter Güte und Gerechtigkeit und
Wahrheit (Eph. 5,8–9)
Lied: O gläubig Herz, gebenedei (EG 318)
Lit. F. grün

1557 Angelus Merula †
1833 Abschaffung d. Sklaverei in England
1893 Ev. Reichsverband weibl. Jugend
        gegründet (Burckhardthaus)

27. Montag

Jak. 2,14–26; Mt. 7,13–20
F. Mt. 8,5–13
L. Ps. 17,7; 1. Joh. 3,16

1878 Gustav Knak †
1901 Brooke Foss Westcott †

28. Dienstag

2. Kor. 6,11–18(7,1); Lk. 6,27–35
F. Mt. 8,14–17
L. Ps. 75,2; Kol. 1,12

1750 Johann Sebastian Bach †
1842 Clemens Brentano †
1949 Deutscher Evangelischer Kirchentag
       (Hannover; erster nach 1945)
1968 Otto Hahn †

1030 Olaf Haraldson †
1856 Robert Schumann †
1890 Vincent van Gogh †

Mittwoch 29.

Jak. 3,13–18; Mt. 5,33–37
F. Mt. 8,18–22
L. Jer. 10,6; Mt. 16,15

1718 William Penn †
1868 August Vilmar †
1898 Otto von Bismarck †
1906 Diakonissenhaus Duisburg
1976 Rudolf Bultmann †

Donnerstag 30.

Lk. 11,33–36(37–41a); 1. Kor. 12,27–13,3
F. Mt. 8,23–27
L. Jer. 30,11; Phil. 1,6

31. Freitag

Joh. 18,19–24; 1. Petr. 3,8–17
F. Mt. 8,28–34
L. Ps. 25,5; Kol. 4,2

1556 Ignatius von Loyola †
1566 Bartolomé de las Casas (17.7./31.7.) †
1896 Zöckler'sche Anstalten Stanislau
1944 Antoine de Saint-Exupéry

1. Sonnabend

Phil. 2,12–18; 1. Mose 41,25–43
F. Mt. 9,1–8
L. Ps. 75,8; Offb. 16,7

1534 Erstausgabe Lutherbibel
1895 Deutsch-Christliche
        Studentenvereinigung (DCSV)
1914 Erster Weltkrieg

Monatsspruch August: Jesus Christus spricht: Seid klug wie die Schlangen und
ohne Falsch wie die Tauben. *Mt. 10,16*

9. Sonntag nach Trinitatis 2.

I: Mt. 25,14–30   **II:** Phil. 3,7–11(12–14)   **III:** Mt. 7,24–27   **IV:** Jer. 1,4–10   **V:** Mt. 13,44–46   **VI:** 1. Petr. 4,7–11   **Ps:** 40,9–12   **M:** 1. Kön. 3,16–28; Hes. 3,17–19; Lk. 16,10–13   **A:** Sir. 4,23–33 od. Spr. 8,12–21

K. Familienbande – traumhaft (1. Mose 37,1–11)   **F.** Ps. 40   **L.** Mal. 3,17; Eph. 5,25–26

Wem viel gegeben ist, bei dem wird man viel suchen; und wem viel anvertraut ist, von dem wird man um so mehr fordern (Lk. 12,48)
Lied: Ich weiß, mein Gott, dass all mein Tun (EG 497)
Lit. F. grün

1814	Hauptbibelgesellschaft Berlin
1887	Gustav Werner †
1919	Christoph Blumhardt d. J. †
1945	Potsdamer Abkommen

3. Montag

1. Kön. 3,16–28; 1. Tim. 4,6–16
F. Mt. 9,9–13
L. Spr. 4,18; Mt. 5,16

1632 Josua Stegmann †
1927 Weltkonferenz für Glauben u.
     Kirchenverfassung Lausanne (bis 21.)

4. Dienstag

Hes. 3,16–21; 1. Kor. 6,12–20
F. Mt. 9,14–17
L. Jes. 40,28; Röm. 16,27

1753 Gottfried Silbermann †
1859 Johannes Maria Vianney †
1977 Ernst Bloch †
1992 František Tomášek (Prager Frühling) †

1731 Bekenntnis der ev. Salzburger (Salzbund)
1874 Franz Härter, Gründer der Diakonissen-
     anstalt Straßburg, †
1942 Janusz Korczak †

Mittwoch 5.

Mt. 19,(4–7)8–12(13–15);
1. Kor. 10,23–31
F. Mt. 9,18–26
L. 1. Mose 18,14; Mk. 5,36

1221 Dominikus †
1945 Atombombe auf Hiroshima
1978 Papst Paul VI. †

(Kath.: Verklärung des Herrn)

Donnerstag 6.

Eph. 5,15–20; 1. Kor. 9,16–23
F. Mt. 9,27–34
L. Jes. 53,11; Phil. 2,8–9

7. Freitag

Joh. 19,9–16a; Jer. 1,11–19
F. Mt. 9,35–10,4
L. 1. Sam. 9,27; Jak. 1,19

1615 Melchior Vulpius †
1635 Friedrich Spee †
1814 Erneuerung d. Jesuiten-Ordens durch
     Pius VII
1941 Rabindranath Tagore †

8. Sonnabend

Lk. 12,42–48; Klgl. 1,1–11
F. Mt. 10,5–15
L. Jer. 2,27; Joh. 15,9

1523 Jean Vallière †
1897 Jacob Burckhardt †
1947 Darmstädter Wort des Bruderrats der
     Bekennenden Kirche

Augsburger Friedensfest

10. Sonntag nach Trinitatis 9.

I: Lk. 19,41–48 od. Mk. 12,28–34 **II:** Röm. 9,1–8.14–16 **III:** 2. Mose 19,1–6 **IV:** Jes. 62,6–12 od. Sir. 36,13–19 **V:** Joh 4,19–26 **VI:** Röm. 11,25–32 **Ps:** 74,1–3.8–11.20–21 **M:** Jer. 7,1–11.(12–15) **A:** Sir. 36,1.13–19 od. Neh. 1,1–11

K. Familienbande – ein Albtraum (1. Mose 37,12–35) **F.** Ps. 64 **L.** 1. Chr. 28,9; Mt. 6,6

Wohl dem Volk, dessen Gott der Herr ist, dem Volk, das er zum Erbe erwählt hat. Ps. 33,12
Lied: Gott der Vater steh uns bei (EG 138) od. Nimm von uns, Herr, du treuer Gott (EG 146)
Lit. F. grün

1851 Karl Gützlaff, erster China-Missionar, †
1921 Mary Summer †
1942 Edith Stein † (in Auschwitz)
1962 Hermann Hesse †

Israelsonntag

10. Montag

Röm. 11,1–12; Klgl. 2,13–20a
F. Mt. 10,16–26a
L. 1. Sam. 14,6; Mt. 6,33

   70 Zerstörung Jerusalems durch Titus
258 Laurentius †
1861 Friedrich Julius Stahl †
1995 „Kruzifix-Urteil" des Bundesverfassungs-
       gerichtes

11. Dienstag

Lk. 21,5–6.20–24; Jer. 8,18–23; 9,6–12
F. Mt. 10,26b–33
L. 5. Mose 4,10; Apg. 11,23

1253 Klara v. Sciffi †
1494 Hans Memling †
1884 Christentum in Japan erlaubt
1890 John Henry Kardinal Newman †
1919 Weimarer Verfassung

1551 Paul Speratus †
1952 Neues Bruderhaus in Duisburg in
Mülheim-Ruhr-Selbeck

Mittwoch 12.

Joh. 4,19–26; Klgl. 4,11–20
F. Mt. 10,34–39
L. Jos. 24,14; Röm. 16,19

1727 Erstes Abendmahl der Brüdergemeine in
Berthelsdorf
1910 Florence Nightingale †
1942 Paul Richter †
1961 Bau der Berliner Mauer

Donnerstag 13.

Röm. 11,13–24; 5. Mose 32,7–20
F. Mt. 10,40–42
L. Ps. 147,5; Röm. 8,28

14. Freitag

Lk. 23,27–31; Klgl. 5,1–22
F. Mt. 11,1–19
L. Ps. 91,9; Joh. 17,15

1248 Grundsteinlegung des Kölner Doms
1629 Georg Balthasar †
1941 Maximilian Kolbe †

15. Sonnabend

5. Mose 4,27–35(36–40);
1. Sam. 1,12–22(23–28)
F. Mt. 11,20–24
L. Jer. 5,3; Hebr. 13,7

1552 Hermann von Wied †
1901 Julie Hausmann †
1954 Weltkirchenkonferenz in Evanston

(Kath.: Mariä Himmelfahrt)

11. Sonntag nach Trinitatis **16.**

I: Lk. 18,9–14　**II:** Eph. 2,4–10　**III:** Mt. 21,28–32　**IV:** Gal. 2,16–21　**V:** Lk. 7,36–50
VI: 2. Sam. 12,1–10.13–15a　**Ps:** 113,1–8　**M:** 1. Sam. 17,38–51; Mt. 23(1–7)8–12
A: Joh. 8,3–11

K. Familienbande – daran kann man wachsen (1. Mose 39 i.A.; 41,14–43)　　**F.** Ps. 113
L. 1. Mose 50,17; Mt. 18,21–22

Gott widersteht den Hochmütigen, aber den Demütigen gibt er Gnade (1. Petr. 5,5b)
Lied: Aus tiefer Not schrei ich zu dir (EG 299)
Lit. F. grün

　　　　　　　　　　　　1527　Leonhard Kaiser †
　　　　　　　　　　　　1659　Heinrich Held †
　　　　　　　　　　　　1810　Universität Berlin
　　　　　　　　　　　　1882　Auswanderermission Hamburg
　　　　　　　　　　　　2005　Frère Roger Schutz †

17. Montag

Hes. 17,1–6.22–24; Mt. 23,1–12
F. Mt. 11,25–30
L. Spr. 10,19; Mt. 12,37

1637 Johann Gerhard †
1786 Friedrich d. Große †
1836 Leipziger Missionsgesellschaft
1895 Christlicher Studenten-Weltbund

18. Dienstag

1. Mose 19,15–26; 1. Sam. 17,38–51
F. Mt. 12,1–14
L. Hes. 11,19; Röm. 8,15

1756 Erdmann Neumeister †

1662 Blaise Pascal †
1719 Karl Hildebrand v. Canstein †
1846 Ev. Allianz
1925 Weltkirchenkonferenz in Stockholm

(Orth.: Christi Verklärung [6.8.]

Mittwoch 19.

Mk. 7,24–30; 2. Sam. 16,5–17
F. Mt. 12,15–21
L. Nah. 1,7; Phil. 2,27

1153 Bernhard v. Clairvaux †
1384 Geert Groote †
1884 Reformierter Weltbund
1912 William Booth (Heilsarmee) †

Donnerstag 20.

1. Petr. 5,1–5; Mk. 2,13–17
F. Mt. 12,22–37
L. Jes. 45,15; Lk. 18,32–34

21. Freitag

Lk. 22,54–62; 2. Kor. 7,8–13
F. Mt. 12,38–45
L. Dan. 2,22; 1. Kor. 4,5

1732 Aussendung der ersten Missionare
       aus Herrnhut
1991 Oswald von Nell-Breuning †

22. Sonnabend

Jes. 26,1–6; Lk. 4,31–37(38–40)
F. Mt. 12,46–50
L. Klgl. 3,25; 1. Petr. 2,3

1819 Brüdergemeine Korntal
1855 Weltbund des CVJM
1962 Rudolf Alexander Schröder †
1976 Oskar Brüsewitz †
       (Selbstverbrennung am 18.8.)

(Kath.: Mariä Königin)

12. Sonntag nach Trinitatis **23.**

I: Mk. 7,31–37   **II:** Apg. 9,1–9(10–20)   **III:** Jes. 29,17–24   **IV:** Apg. 3,1–10   **V:** Mk. 8,22–26   **VI:** 1. Kor. 3,9–15   **Ps:** 147,3–6.11–14a   **M:** Apg. 14,8–18   **A:** 2. Kön. 20,1–7

K. Familienbande – sind wandelbar (1. Mose 42–44 i.A.; 45,1–15)   **F.** Ps. 16   **L.** Jes. 40,29; 2. Kor. 12,10

Das geknickte Rohr wird er nicht zerbrechen, und den glimmenden Docht
wird er nicht auslöschen (Jes. 42,3)
Lied: Nun lob, mein Seel, den Herren (EG 289)
Lit. F. grün

24.8.: Tag des Apostels Bartholomäus
Ep: 2. Kor 4,7–10   **Ev:** Lk. 22,24–30
Lied: Herr, mach uns stark im Mut, der dich bekennt (EG 154) od. Ich lobe dich von ganzer Seelen (EG 250)
Lit. F. rot

1535 Calvins Institutio
1572 Bartholomäusnacht
1948 Ökumenischer Rat der Kirchen in Amsterdam konstituiert

Internationaler Tag zur Erinnerung an den Sklavenhandel und an seine Abschaffung

24. Montag

Mt. 9,27–34; Joh. 4,46–54
F. Mt. 13,1–9.18–23
L. Jes. 52,10; Joh. 1,9

401 Alarich erobert Rom
1914 Johannes Weiß †
1919 Friedrich Naumann †
1943 Simone Weil †

Tag des Apostels Bartholomäus

25. Dienstag

4. Mose 12,1–15; Mk. 3,1–10(11.12)
F. Mt. 13,10–17
L. Joel 2,19; Mt. 14,19–20

775 Gregor v. Utrecht †
1854 Diakonissenhaus Stuttgart
1900 Friedrich Nietzsche †

383 Wulfila †
1816 Baseler Missionsgesellschaft
1942 Werner Sylten †
1944 Adam v. Trott zu Solz †
1948 Maud Ballington Booth †

Mittwoch 26.

Mt. 17,14–20(21); Apg. 9,31–35
F. Mt. 13,24–30.36–43
L. 2. Chr. 18,4; Mk. 4,20

542 Cäsarius v. Arles †
1535 Reformation in Genf
1882 Neukirchener Mission

Donnerstag 27.

Jak. 5,13–16; Lk. 8,1–3
F. Mt. 13,31–35
L. Spr. 14,31; Gal. 4,14

28. Freitag

Lk. 23,6–12; Mt. 12,15–21
F. Mt. 13,44–46
L. Jer. 31,8; Lk. 14,23

430 Augustinus †
1645 Hugo Grotius †

(Orth.: Entschlafen der Gottesgebärerin [15.8.]

29. Sonnabend

Jes. 57,15–19; Mk. 10,17–22(23–27)
F. Mt. 13,47–52
L. Hes. 33,17; Mt. 6,13

1523 Ulrich von Hutten †
1825 Martin Boos †

13. Sonntag nach Trinitatis **30.**

I: Lk. 10,25–37   **II:** 1. Joh. 4,7–12   **III:** Mk. 3,31–35   **IV:** 1. Mose 4,1–16a   **V:** Mt. 6,1–4
VI: Apg. 6,1–7   **Ps:** 112,5–9   **M:** Jes. 35,4–7a; Jak 2,1–5; Mk. 7,31–37   **A:** 2. Sam. 9,1–11

K. Verwurzelt in Gottes Liebe (Joh. 15,1–8)   **F.** Ps. 71   **L.** Jer. 3,12–13; 2. Petr. 3,9

Christus spricht: Was ihr getan habt einem von diesen meinen geringsten Brüdern,
das habt ihr mir getan (Mt. 25,40)
Lied: Ich ruf zu dir, Herr Jesu Christ (EG 343)
Lit. F. grün

       526 Theoderich d. Große †
     1780 Christentumsgesellschaft Basel
     1958 Karl Heim †

31. Montag

5. Mose 15,1–11; Mt. 12,1–8
F. Mt. 13,53–58
L. 2. Mose 34,10; Mk. 6,2–3

1528 Matthias Grünewald †
1688 John Bunyan †
1864 Ferdinand Lassalle †
1906 Ludwig Zimmermann †

1. Dienstag

Am. 5,4–15; Mt. 23,23–28
F. Mt. 14,1–12
L. Ps. 109,30; Lk. 2,38

1879 Sixt Karl Kapff †
1939 Beginn des Zweiten Weltkrieges

Monatsspruch September: Wenn ihr nicht umkehrt und werdet wie die Kinder,
so werdet ihr nicht ins Himmelreich kommen. *Mt. 18,3*

1872 Nicolai Frederik Severin Grundtvig †
1919 Erster Kirchentag in Dresden
1996 Tullio Vinay †

Mittwoch 2.

5. Mose 24,(10–13)17–22;
Tob. 4,6–9(10–13)14–17
F. Mt. 14,13–21
L. Esr. 3,11; Apg. 2,46–47

1658 Oliver Cromwell †

Donnerstag 3.

Apg. 4,32–37; 3. Joh. 1–8(11)
F. Mt. 14,22–36
L. Sach. 9,9; Phil. 2,6–7

4. Freitag

Mt. 26,47–50(55.56); Jak. 2,5–13
F. Mt. 15,1–20
L. Ps. 67,8; Offb. 4,11

1965 Albert Schweitzer †

Ökumenischer Tag der Schöpfung (in Borna)

5. Sonnabend

Jud. 1.2.20–25; 5. Mose 26,1–11
F. Mt. 15,21–28
L. Ps. 25,6; 1. Joh. 4,10

1553 Giovanni Mollio †
1562 Katharina Zell †
1857 Auguste Comte †
1997 Mutter Teresa †

14. Sonntag nach Trinitatis 6.

I: Lk. 17,11–19   **II:** Röm. 8,(12–13)14–17   **III:** Mk. 1,40–45   **IV:** 1. Thess. 1,2–10
V: 1. Mose 28,10–19a **VI:** 1. Thess. 5,14–24 **Ps:** 146 **M:** Neh. 8,5–6.9–12; Sir. 50,24–26;
Gal. 5,16–18 (19–23) **A:** Sir. 50,18–26 od. 2. Chr. 7,1–6

K. In Gottes Liebe bleiben (Joh. 15,9–12)   **F.** Ps. 78,1–31   **L.** Ps. 78,4; Mt. 10,8

Lobe den Herren, meine Seele, und vergiss nicht, was er dir Gutes getan hat (Ps. 103,2)
Lied: Von Gott will ich nicht lassen (EG 365)
Lit. F. grün

1525 Matthias Waibel †
1851 Allen Gardiner, Feuerland, †
1918 Vereinigte luth. Kirche i. Amerika

7. Montag

2. Tim. 1,1–6(7); 2. Mose 18,1–12
F. Mt. 15,29–39
L. Ps. 119,154; 2. Tim. 1,13

1534 Lazarus Spengler †
1912 Martin Kähler †
1948 Julius Schniewind †

8. Dienstag

Joh. 9,24–38(39–41); Jos. 4,1–7
F. Mt. 16,1–12
L. Ps. 3,9; Jud. 2

 725 Korbinian †
1675 „Pia Desideria" Speners
1944 Elisabeth von Thadden hingerichtet

(Kath.: Mariä Geburt)

Mittwoch 9.

1560 Luigi Pasquali †
1606 Leonhard Lechner †

Phlm. 1–16(17–22); Phil. 4,15–23
F. Mt. 16,13–20
L. Klgl. 3,41; Hebr. 4,16

Donnerstag 10.

1933 Reichskonkordat Deutschland-Vatikan
1934 Hans Haas, Missionar, †
1977 Elisabeth Schmitz †

1. Chr. 29,9–18; Gal. 6,6–10
F. Mt. 16,21–28
L. Mal. 3,6; Offb. 1,8

11. Freitag

Joh. 13,31–35; Gal. 5,22–26
F. Mt. 17,1–13
L. Sach. 2,15; Röm. 10,12

1570 Johannes Brenz †
1627 Matthäus Ulicky †
1812 Priv. Württ. Bibelanstalt

12. Sonnabend

2. Thess. 2,13–17; 1. Kön. 17,1–6
F. Mt. 17,14–21
L. Ps. 86,11; 2. Tim. 2,8

1833 Rauhes Haus, Gründungsversammlung

(Kath.: Mariä Namen)

15. Sonntag nach Trinitatis **13.**

I: Mt. 6,25–34   **II:** 1. Petr. 5,5c–11   **III:** Lk. 18,28–30   **IV:** Gal. 5,25–26; 6,1–3.7–10
V: Lk. 17,5–6   **VI:** 1. Mose 2,4b–9(10–14)15   **Ps:** 127,1–2   **M:** Jes. 38,9–20; Röm. 4,18–25
A: Mk. 12,41–44

K. In Gottes Liebe Frucht bringen (Joh. 15,13–17)   **F.** Ps. 78,32–55   **L.** Jes. 55,3;
Joh. 8,31–32

Alle eure Sorgen werft auf ihn, denn er sorgt für euch (1. Petr. 5,7)
Lied: Auf meinen lieben Gott trau ich in Angst und Not (EG 345) od.
Wer nur den lieben Gott lässt walten (EG 369)
Lit. F. grün

> 1565 Wilhelm Farel, Reformator Genfs, †
> 1838 Erstes Missionshaus in Berlin eröffnet
> 1872 Ludwig Feuerbach †
>
> Tag des Offenen Denkmals

14. Montag

Phil. 4,8–14; Lk. 11,5–13
F. Mt. 17,22–27
L. Ps. 16,10; Röm. 7,24–25

258 Cyprian hingerichtet
407 Johannes Chrysostomus †
1321 Dante †

(Kath.: Kreuzerhöhung)

(Jüd.: Rosch ha-Schana, Neujahr 5776)

15. Dienstag

1. Tim. 6,(3–5)6–11a; Lk. 16,1–9
F. Mt. 18,1–9
L. 1. Mose 12,4; Hebr. 11,8

1510 Katharina von Genua †
1525 Jan v. Woerden †
1935 Nürnberger Rassengesetze

1741 Synode der Brüder-Unität in London

Mittwoch 16.

Apg. 27,33–44; Pred. 4,(4–7)8–12
F. Mt. 18,10–14
L. 2. Kön. 19,15; Offb. 11,15

1179 Hildegard v. Bingen †
1524 Kaspar Tauber †
1575 Johann Heinrich Bullinger †
1737 Universität Göttingen
1833 Erstes Asyl in Kaiserswerth

Donnerstag 17.

Lk. 10,38–42; Joh. 4,31–38
F. Mt. 18,15–20
L. Ps. 139,5; 2. Thess. 3,16

18. Freitag

Lk. 22,35–38; 1. Kor. 7,17–24
F. Mt. 18,21–35
L. Jer. 14,21; 1. Petr. 5,10

1792 Gottlieb August Spangenberg †
1903 Eleonore Fürstin Reuß †
1961 Dag Hammarskjöld †

19. Sonnabend

Lk. 6,20–26; Jes. 38,9–20
F. Mt. 19,1–12
L. Jon. 2,9; Gal. 2,21

1735 Ludwig Andreas Gotter †
1876 Breklumer Mission

16. Sonntag nach Trinitatis **20.**

I: Joh. 11,1(2)3.17–27(41–45)   **II:** 2. Tim. 1,7–10   **III:** Klgl. 3,22–26.31–32   **IV:** Apg. 12,1–11
V: Lk. 7,11–16   **VI:** Hebr. 10,35–36(37–38)39   **Ps:** 68,4–7a.20–21   **M:** Jes. 38,9–20;
Röm. 4,18–25   **A:** 2. Sam. 12,15–24

K. Die geselligen Schwalben: Wohnen in Gottes Nähe (Ps. 84,2–4)   **F.** Ps. 78,56–72
L. Ps. 119,133; 1. Kor. 14,20

Christus Jesus hat dem Tode die Macht genommen und das Leben und ein unvergängliches
Wesen ans Licht gebracht durch das Evangelium (2. Tim. 1,10b)
Lied: O Tod, wo ist dein Stachel nun (EG 113) od. Was mein Gott will (EG 364)
Lit. F. grün

21.9.: Tag des Apostels und Evangelisten Matthäus
AT: Sir 2,18–23 od. Hes. 3,4–11   **Ep:** 1. Kor. 12,27–31a   **Ev:** Mt. 9,9–13
Lied: Herr, mach uns stark im Mut, der dich bekennt (EG 154) od.
Ich lobe dich von ganzer Seelen (EG 250)
Lit. F. rot

1870	Ende des Kirchenstaates
1898	Theodor Fontane †
1913	Erster Diakonentag, Hamburg
1942	Friedrich Müller-Dahlem †

21. Montag

Röm. 6,18–23; Hiob 5,17–27
F. Mt. 19,13–15
L. Ps. 95,2–3; 1. Tim. 6,15–16

1522 September-Testament (Luther)
1558 Karl V. †
1860 Arthur Schopenhauer †
1877 Blaues Kreuz
1902 Christoph Ernst Luthardt †

(Orth.: Geburt der Gottesgebärerin [8.9.])

Tag des Apostels und Evangelisten Matthäus

UNO Weltfriedenstag

---

22. Dienstag

Apg. 21,8–14; Hos. 13,9–14
F. Mt. 19,16–26
L. Jes. 58,7; Mt. 25,35–36

1566 Johann Agricola †
1795 Londoner Missionsgesellschaft
1826 Johann Peter Hebel †
1933 Kath. Bibelwerk

Mittwoch 23.

1555 Fünf Märtyrer von Chambéry †
1828 Rhein. Missionsgesellschaft
1889 Theodosius Harnack †

(Islam.: Opferfest, 23.–26.9.)

(Jüd.: Jom Kippur, Versöhnungsfest)

Herbstanfang – Tagundnachtgleiche

Mk. 5,21–24.35–43; Apg. 9,36–42
F. Mt. 19,27–30
L. Ps. 118,25; Hebr. 13,21

Donnerstag 24.

1541 Paracelsus †
1545 Albrecht von Mainz †
1559 Maria de Bohorques †
1667 Michael Franck †

Phil. 1,19–26; Röm. 4,18–25
F. Mt. 20,1–16
L. 2. Mose 15,11; 1. Kor. 12,6

25. Freitag

Joh. 18,3–9; Offb. 2,8–11
F. Mt. 20,17–28
L. Ps. 97,10; Offb. 3,10

1555 Augsburger Religionsfriede
1794 Paul Rabaut †
1815 Basler Mission

26. Sonnabend

Mk. 9,1–10; Dan. 3,8–20.24–28
F. Mt. 20,29–34
L. Jes. 25,5; Lk. 1,51–52

1848 Innere Mission
1918 Luthergesellschaft

17. Sonntag nach Trinitatis **27.**

I: Mt. 15,21–28   **II:** Röm. 10,9–17(18)   **III:** Mk. 9,17–27   **IV:** Jes. 49,1–6   **V:** Joh. 9,35–41   **VI:** Eph. 4,1–6   **Ps:** 25,8–15   **M:** 1. Mose 6,9–22; 1. Mose 32,23–32; Heb. 11,1–3   **A:** Hebr. 11,1–7

K. Die fleißigen Ameisen: Ernten, was Gott gesät hat (Spr. 6,6–8)   **F.** Ps. 25   **L.** Jes. 44,26; Apg. 17,11

Unser Glaube ist der Sieg, der die Welt überwunden hat. 1. Joh. 5,4
Lied: Such, wer da will, ein ander Ziel (EG 346)
Lit. F. grün

Gedenkgottesdienst für den Erzengel Michael (29.9.)
I: Lk. 10,17–20   **II:** Offb. 12,7–12a(12b)   **III:** Jos. 5,13–15   **IV:** Apg. 5,17–21(22–27a)27b–29
V: Mt. 18,1–6.10   **VI:** Hebr. 1,7.13–14   **Ps:** 103,19–22 od. 148   **M:** 4. Mose 22,21–35;
2. Kön. 6,8–23; St. z. Dan 3,34–38   **A:** Jes. 14,3–17 od. 2. Kön. 6,8–17
Der Engel des Herrn lagert sich um die her, die ihn fürchten (Ps. 34,8)
Lied: Nun singt die liebe Christenheit (EG 143)
Lit. F. weiß

1540 Jesuitenorden bestätigt
1660 Vinzenz v. Paul †
1817 Kirchenunion in Preußen
1898 Brüderhaus Martinshof in Rotenburg

(Orth.: Kreuzerhöhung [14.9.]

Beginn der Interkulturellen Woche

28. Montag

Mk. 5,24–34; Hebr. 11,8–16
F. Mt. 21,1–11
L. Ps. 119,67; Apg. 9,3–4

1529 Märtyrertod von Adolf Clarenbach
      und Peter Fliesteden in Köln
1859 Carl Johann Philipp Spitta †
1910 Carl Bolle †

(Jüd.: Sukkot, Laubhüttenfest, 28.9.–4.10.)

29. Dienstag
Tag des Erzengels Michael

I: Lk. 10,17–20   II: Offb. 12,7–12a(12b)   III: Jos. 5,13–15   IV: Apg. 5,17–21(22–27a)27b–29   V: Mt. 18,1–6.10   VI: Hebr. 1,7.13–14   Ps: 103,19–22 od. 148   M: 4. Mose 22,21–35; 2. Kön. 6,8–23; St. z. Dan 3,34–38   A: Jes. 14,3–17 od. 2. Kön. 6,8–17
Der Engel des Herrn lagert sich um die her, die ihn fürchten (Ps. 34,8)
Lied: Nun singt die liebe Christenheit (EG 143)
Lit. F. weiß

F. Mt. 21,12–17   L. Ps. 121,5–6; Mt. 2,13

1560 Gustav Wasa †
1993 Günter Jacob †

Mittwoch 30.

420 Hieronymus †
1716 Heinrich Georg Neuß †
1785 Johann Jakob Moser †
2001 Gerhard Ebeling †

1. Mose 16,6b–14; Ri. 6,11–24
F. Mt. 21,18–22
L. Jes. 63,16; 1. Petr. 1,3

Donnerstag 1.

1529 Marburger Religionsgespräch
1571 Petrus Herbert †
1968 Romano Guardini †

Internationaler Tag der älteren Menschen

Offb. 14,6–7(13–16);
2. Mose 23,20–25(26.27)
F. Mt. 21,23–27
L. 1. Mose 24,7; Apg. 8,26–27

Monatsspruch Oktober: Haben wir Gutes empfangen von Gott und sollten das Böse nicht auch annehmen? *Hiob 2,10*

2. Freitag

Mt. 18,10–14;
Tob. 12,1–2.6–8(9–12)13–18
F. Mt. 21,28–32
L. Ps. 22,23; Röm. 10,14

1733 Joseph Schaitberger †
1945 Hans Freiherr von Soden †
1974 Ina Seidel †

Tag des Flüchtlings

Tag der Deutschen Einheit / Sonnabend 3.

Apg. 12,1–11; Dan. 10,4–6.9–14.18–21   **F.** Mt. 21,33–46   **L.** 2. Sam. 15,26; Röm. 14,8

1226 Franziskus von Assisi †
1958 George Bell †
1990 Tag der Deutschen Einheit.
 Beitritt der DDR zur BRD

Tag der Offenen Moschee

4. Erntedank / 18. Sonntag nach Trinitatis

I: Lk. 12,(13–14)15–21 oder Mt. 6,25–34   **II:** 2. Kor. 9,6–15   **III:** Jes. 58,7–12   **IV:** 1. Tim. 4,4–5   **V:** Mt. 6,19–23   **VI:** Hebr. 13,15–16   **Ps:** 104,10–15.27–30   **M:** 5. Mose 8,6–10; Spr. 30,5–9; Sir. 11,14–19; 1. Tim. 6,6–11

K. Die aufmerksame Taube: Sehen, was Gott für uns wachsen lässt (1. Mose 8,8–12.22)
F. Ps. 104   **L.** 1. Kön. 8,52; Mt. 7,7

Aller Augen warten auf dich, Herr, und du gibst ihnen ihre Speise zur rechten Zeit (Ps. 145,15)
Lied: Ich singe dir mit Herz und Mund (EG 324) od. Nun preiset alle Gottes Barmherzigkeit (EG 502)
Lit. F. grün

18. Sonntag nach Trinitatis
I: Mk. 12,28–34   **II:** Röm. 14,17–19   **III:** Mk. 10,17–27   **IV:** Jak. 2,1–13   **V:** 2. Mose 20,1–17   **VI:** Eph. 5,15–21   **Ps:** 1   **M:** Sir. 1,11–16a; Mt. 5,17–22; 1. Tim. 1,5–9a   **A:** 5. Mose 30,11–16(17–20)
Dies Gebot haben wir von ihm, dass, wer Gott liebt, dass der auch seinen Bruder liebe. (1. Joh. 4,21)
Lied: Herzlich lieb hab ich dich, o Herr (EG 397) od. In Gottes Namen fang ich an (EG 494)
Lit. F. grün

1489 Johann Wessel (Gansfort) †
1582 Teresa von Avila †
1669 Rembrandt †
1864 Theodor Fliedner †
1947 Max Planck †

1582 Gregorianischer Kalender
1886 Evangelischer Bund

Welttag des Lehrers

(Jüd.: Schemini Azeret)

Montag 5.

1. Thess. 4,9–12; Mt. 6,1–4
F. Mt. 22,1–14
L. Neh. 13,2; 2. Kor. 5,19

6. Dienstag

1. Tim. 1,1–8(9–11); 2. Mose 23,1–9
F. Mt. 22,15–22
L. Am. 5,4; Lk. 19,2–3

1536 William Tyndale †
1546 Pierre Leclerc †
1651 Heinrich Albert †

(Jüd.: Simchat Tora, Fest der Gesetzesfreude)

7. Mittwoch

Hhl. 8,4–7; Kol. 3,(17)18 – 4,1
F. Mt. 22,23–33
L. Jes. 31,5; Röm. 8,31

1861 Batakkirche (Sumatra)
1949 Deutsche Demokratische Republik
      (bis 3.10.1990)

(Kath.: Rosenkranzfest)

Donnerstag 8.

451 Konzil von Chalcedon
1565 Johann Matthesius †
1973 Gabriel Marcel †

Apg. 6,1–7; Mk. 3,31–35
F. Mt. 22,34–46
L. Hos. 6,6; Röm. 12,9–10

Freitag 9.

1477 Universität Tübingen
1555 Justus Jonas †
1905 Lutherische Kirche in Brasilien
1958 Papst Pius XII. (Eugenio Pacelli) †

Lk. 23,32–34;
Röm. (14,20b – 15,1)15,2–7
F. Mt. 23,1–22
L. Joel 2,13; Jak. 5,11

10. Sonnabend

Mt. 5,17–24; Lk. 13,10–17
F. Mt. 23,23–39
L. Ps. 102,18; Lk. 18,7

1923 Dora Rappard †
1976 Reinold von Thadden-Trieglaff †

Internationaler Tag gegen die Todesstrafe

19. Sonntag nach Trinitatis 11.

I: Mk. 2,1–12 **II:** Eph. 4,22–32 **III:** Mk. 1,32–39 **IV:** Jak. 5,13–16 **V:** Joh. 5,1–16
VI: 2. Mose 34,4–10 **Ps:** 32,1–5.10–11 **M:** 1. Mose 9,1–17; 1. Mose 15,1–6 **A:** Joh. 9,1–7

K. Die durstigen Kamele: Warten auf Gottes Fürsorge (1. Mose 24,10–21)   **F.** Ps. 61
L. Ps. 60,4; Joh. 3,17

Heile du mich, Herr, so werde ich heil; hilf du mir, so ist mir geholfen (Jer. 17,14)
Lied: Nun lasst uns Gott, dem Herren, Dank sagen (EG 320)
Lit. F. grün

> 965 Bruno von Köln †
> 1531 Huldrych Zwingli †
> 1896 Anton Bruckner †
> 1962 Zweites Vatikanisches Konzil eröffnet

12. Montag

Mk. 10,46–52; 2. Mose 15,22–27
F. Hiob 1,1–12
L. 2. Mose 9,34; Hebr. 12,15

1518 Luther vor Cajetan (bis 14.)
1845 Elizabeth Fry †
1849 Hermannsburger Mission

13. Dienstag

Lk. 5,12–16; Joh. 7,19–24
F. Hiob 1,13–22
L. Ps. 119,2; Mt. 5,6

1605 Theodor Beza †
1836 Diakonissenanstalt Kaiserswerth

Um 430 Jakob d. Notar †
1867 Anstalt Bethel

(Islam.: Neujahrsfest, 1437 n.H.)

Frankfurter Buchmesse vom 14. bis 18.10.
(Gastland Indonesien)

Mittwoch 14.

Pred. 12,1–7(8); Apg. 3,1–10(11)
F. Hiob 2,1–10
L. Hiob 1,21; Röm. 5,3–4

1243 Hedwig v. Schlesien †
1905 Theologische Hochschule Bethel

Donnerstag 15.

Mk. 6,7–13; Mt. 8,14–17
F. Hiob 2,11–13
L. Spr. 20,9; Röm. 3,23–24

16. Freitag

Mt. 27,39–44; Jer. 17,13–17
F. Hiob 3,1–26
L. Jes. 62,6; 1. Thess. 5,17

1553 Lucas Cranach d.Ä. †
1621 Johannes P. Sweelinck †
1813 Völkerschlacht bei Leipzig (bis 19.10.)

17. Sonnabend

Apg. 14,8–18; Spr. 3,1–8
F. Hiob 4,1–21
L. 5. Mose 18,10.12; Röm. 1,22–23

1552 Andreas Osiander †
1931 Ferdinand Ebner †
1993 Helmut Gollwitzer †

Internationaler Tag für die Beseitigung
der Armut

20. Sonntag nach Trinitatis **18.**

I: Mk. 10,2–9.(10–16)   **II:** 1. Thess. 4,1–8   **III:** 1. Mose 8,18–22   **IV:** 1. Kor 7,29–31
V: Mk. 2,23–28   **VI:** 2. Kor. 3,2–9   **Ps:** 119,101–108   **M:** Hld. 8,6b–7; Mal. 2,13–16;
Eph. 5,25–32; Phlm. (1–7)8–22   **A:** Mt. 22,23–33

K. Unrecht benennen bewirkt Buße (1. Kön. 21)   **F.** Ps. 19   **L.** Ps. 34,6; Röm. 15,13

Es ist dir gesagt, Mensch, was gut ist und was der Herr von dir fordert, nämlich Gottes Wort
halten und Liebe üben und demütig sein vor deinem Gott (Mi. 6,8)
Lied: Wohl denen, die da wandeln (EG 295)
Lit. F. grün

Tag des Evangelisten Lukas
AT: Jes. 43,9–13   **Ep:** 2. Tim 4,5–11   **Ev:** Lk. 1,1–4
Lied: Herr, mach uns stark im Mut, der dich bekennt (EG 154) od.
Ich lobe dich von ganzer Seelen (EG 250)
Lit. F. rot

> 1694 Universität Halle
> 1818 Universität Bonn
> 1861 Kaiserswerther Generalkonferenz
> 1896 Johann Ludwig Schneller †
>
> Männersonntag

19. Montag

2. Mose 23,10–16; 2. Thess. 3,6–13
F. Hiob 5,17–27
L. Ps. 146,9; Jak. 1,27

1831 Erstes Missionsfest in Berlin
1900 Max Plancks Strahlungsgleichung
1934 Bekenntnissynode Berlin-Dahlem (bis 20.)
1937 Fritz Humburg †
1945 Stuttgarter Schuldbekenntnis

20. Dienstag

2. Mose 18,13–27; Röm. 13,1–7
F. Hiob 6,1–10.24–30
L. 1. Sam. 2,2; 1. Tim. 1,17

1870 Schluss des Ersten Vatikanums
1899 Dt. Gemeinschafts-Diakonieverband
1909 Missionsärztliches Institut Tübingen

Mittwoch 21.

1526 Homberger Synode (Beginn der
Kirchenordnung und Kirchenvisitation
in Hessen)
1710 von Canstein'sche Bibelanstalt
1913 Elias Schrenk †

1. Mose 24,54b–67; Eph. 5,25–32
F. Hiob 8,1–22
L. 1. Mose 39,20.21; Hebr. 13,3

Donnerstag 22.

1854 Jeremias Gotthelf (A. Bitzius) †
1965 Paul Tillich †

2. Mose 19,3–9; 1. Kor. 14,26–33
F. Hiob 9,1–3.21–35
L. Jes. 40,15; Offb. 14,6

23. Freitag

Joh. 18,28–32; 1. Petr. 4,1–6
F. Hiob 11,1–20
L. Ps. 33,11; Mt. 24,35

1385 Universität Heidelberg
1542 Johannes Zwick †
1685 Edikt von Nantes aufgehoben
1935 Reinhold Seeberg †
1997 Pinchas Lapide †

(Islam.: Ashura-Fest)

24. Sonnabend

Sir. 1,11–19 od. Pred. 12,9–14;
3. Mose 19,1–3.13–18
F. Hiob 12,1–6; 14,1–12
L. 5. Mose 13,5; Joh. 15,14

1648 Westfälischer Friede
1841 Starez Leonid †
1849 Otto v. Gerlach †
1938 Ernst Barlach †
1945 Gründungstag der Vereinten Nationen (UN)

Tag der Vereinten Nationen

21. Sonntag nach Trinitatis **25.**

I: Mt. 5,38–48 **II:** Eph. 6,10–17 **III:** Mt. 10,34–39 **IV:** Jer. 29,1.4–7.10–14 **V:** Joh. 15,9–12(13–17) **VI:** 1. Kor. 12,12–14.26–27 **Ps:** 19,10–15 **M:** 1. Mose 13,7–18; 3. Mose 19,1–3.13–18; Tob. 4,6–9; Mt. 15,1–11a.18–20 **A.** 1. Mose 13,5–12(13–18)

K. Die Aufgabe annehmen schafft Weisheit (1. Kön. 19,19–21; 2. Kön. 2,1–18) **F.** Ps. 22,1–22 **L.** Jes. 50,10; Mt. 14,27

Lass dich nicht vom Bösen überwinden, sondern überwinde das Böse mit Gutem (Röm. 12,21)
Lied: Ach Gott, vom Himmel sieh darein (EG 273) od. Zieh an die Macht, du Arm des Herrn (EG 377)
Lit. F. grün

28.10.: Tag der Apostel Simon und Judas
Ep: Eph. 4,7–13 **Ev:** Joh. 15,17–25
Lied: Herr, mach uns stark im Mut, der dich bekennt (EG 154) od. Ich lobe dich von ganzer Seelen (EG 250)
Lit. F. rot

1849 Hermannsburger Mission
1961 Rudolf Schäfer †

Ende der Sommerzeit (3.00 Uhr)

26. Montag

Röm. 12,17–21; Mt. 15,1–11a.18–20
F. Hiob 19,21–29
L. 1. Mose 31,42; Lk. 1,46–48

1608 Philipp Nicolai †
1863 Rotes Kreuz Genf
1944 William Temple †

27. Dienstag

1. Sam. 26,5–9.12–14.17–24;
2. Kor. 10,1–6
F. Hiob 31,16–40
L. 4. Mose 14,19; 1. Joh. 2,2

1553 Michael Servet † (in Genf verbrannt)
1897 Gnadauer Verband
1986 Friedensgebet in Assisi

312 Konstantins Sieg über Maxentius
1951 Karl Koch †

Tag der Apostel Simon und Judas

Mittwoch 28.

Spr. 29,18–25; 1. Sam. 19,1–7
F. Hiob 32,1–22
L. Jer. 31,31; Röm. 9,23–24

1675 Andreas Hammerschmidt †
1954 Hermann Ehlers †

Donnerstag 29.

Jes. 32,1–8; Tit. 2,1–10
F. Hiob 38,1–21
L. Jer. 9,22–23; Röm. 1,16

30. Freitag

Lk. 22,49–53; 1. Joh. 3,13–18
F. Hiob 40,1–5
L. 1. Kön. 8,57; Apg. 17,27

1553 Jakob Sturm (Tetrapolitana) †
1810 Aufhebung der Klöster und geistl. Stifte
      in Preußen
1910 Henry Dunant †

Reformationsfest / Sonnabend 31.

I: Mt. 5,2–10(11–12) **II:** Röm. 3,21–28 **III:** Mt. 10,26b–33 **IV:** Gal. 5,1–6 **V:** Jes. 62,6–7.10–12 **VI:** Phil. 2,12–13 **Ps:** 46,2–8 **M:** Jos 24,1–2.13–25; 1. Kön. 18,21–40; 1. Kor. 1,10–18 **A:** Eph. 1,(9–19)11–14

F. Hiob 40,6–32 **L.** Ps. 116,7; Mt. 6,8

Einen andern Grund kann niemand legen als den, der gelegt ist,
welcher ist Jesus Christus (1. Kor. 3,11)
Lied: Nun freut euch, lieben Christen g'mein (EG 341) od.
Ist Gott für mich, so trete gleich alles wider mich (EG 351)
Lit. F. rot

1517	Luthers 95 Thesen
1731	Vertreibung d. Salzburger
1971	Gerhard von Rad †
1999	Gemeinsame Erklärung zur Rechtfertigungslehre

1. 22. Sonntag nach Trinitatis/
Gedenktag der Heiligen

I: Mt. 18,21–35   **II:** Phil. 1,3–11   **III:** Mt. 18,15–20   **IV:** Röm. 7,14–25a   **V:** Mi. 6,6–8   **VI:** 1. Joh. 2,(7–11)12–17   **Ps:** 143,1–10   **M:** Sir. 28,1–9; Mk. 11,24–25; 1. Joh. 3,19–24   **A:** 2. Mose 32,1–6.15–20

K. Bescheiden sein macht gesund (1. Kön. 5,1–19)   **F.** Ps. 22,23–32   **L.** Jes. 47,13; Mk. 9,33–34

Bei dir ist die Vergebung, dass man dich fürchte (Ps. 130,4)
Lied: Herr Jesu, Gnadensonne (EG 404)
Lit. F. grün

Gedenktag der Heiligen
Ep: Offb. 7,9–12(13–17)   **Ev:** Mt. 5,1–10(11–12)
Lied: Ist Gott für mich, so trete gleich alles wider mich (EG 351)
Lit. F. rot

1833	Rauhes Haus Hamburg eröffnet
1892	Dt. Pfarrerverband
1942	Hugo Distler †
2003	Heinz Zahrnt †

(Kath.: Allerheiligen)

Monatsspruch November: Erbarmt euch derer, die zweifeln. *Jud. 22*

1752 Johann Albrecht Bengel †
1956 Leo Baeck †

(Kath.: Allerseelen)

Montag 2.

Hos. 12,1–7; Röm. 3,9b–20
F. Hiob 42,1–6
L. Jer. 29,13–14; Mt. 18,19

---

753 Pirmin, Apostel d. Alemannen †
1538 Nikolaus Hausmann †
1625 Adam Gumpeltzhaimer †

Dienstag 3.

Jer. 19,1–4.10–13; Esr. 9,5–9.13–15
F. Hiob 42,7–9
L. Jes. 58,11; Phil. 4,19

4. Mittwoch

Mt. 7,1–5(6); 1. Mose 33,1–11
F. Hiob 42,10–17
L. 5. Mose 6,6–7; Jak. 1,22

1698 Claude Brousson †
1743 Universität Erlangen
1847 Felix Mendelssohn-Bartholdy †
1907 Elise Averdieck †

5. Donnerstag

Offb. 3,14–22; Lk. 17,1–10
F. Jak. 1,1–12
L. Ps. 31,6; 1. Thess. 4,17–18

1414 Beginn d. Konzils zu Konstanz (bis 1418)
1758 Grönlandmissionar Hans Egede †

1631 Johann Lindemann †
1632 Gustav Adolf †
1672 Heinrich Schütz †
1832 Gustav-Adolf-Verein
1905 George Williams (YMCA) †
1999 Hermann Kunst †

Freitag 6.

Mt. 26,20–25; 1. Joh. 3,19–24
F. Jak. 1,13–18
L. 1. Mose 16,13; Mk. 2,14

 739 Willibrord, Apostel d. Friesen †
1917 Russische Revolution
1997 Josef Pieper †

Sonnabend 7.

Jes. 1,18–27; Mk. 13,1–8
F. Jak. 1,19–27
L. 3. Mose 19,34; Apg. 10,28

8. Drittletzter Sonntag des Kirchenjahres

I: Lk. 17,20–24(25–30) **II:** Röm. 14,7–9 **III:** Lk. 11,14–23 **IV:** Hi. 14,1–6 **V:** Lk. 18,1–8
VI: 1. Thess. 5,1–6(7–11)   **Ps:** 90,1–14(15–17)   **M:** Jer. 18,1–10; Amos 8,1–3(4–10);
Mt. 13,47–50 **A:** Hebr. 3,12–4,1

K. Gemeinsam essen schafft Frieden (2. Kön. 6,18–23)   **F.** Ps. 112   **L.** 3. Mose 19,34;
Mt. 25,40

Siehe, jetzt ist die Zeit der Gnade, siehe, jetzt ist der Tag des Heils! (2. Kor. 6,2b)
Lied: Wir warten dein, o Gottes Sohn (EG 152) od. Mitten wir im Leben sind (EG 518)
Lit. F. grün

789 Willehad †
1308 Johannes Duns Scotus †
1920 Abraham Kuyper †

Beginn der Ökumenischen Friedensdekade
vom 8. bis 18.11.

1896 Emil Frommel †   **Montag 9.**
1897 Dt. Caritasverband
1918 Deutsches Reich: Republik   Mk. 4,1–9(10–12); 1. Petr. 4,7–11
1938 Reichspogromnacht   F. Jak. 2,1–13
1989 Öffnung der Mauer   L. Ps. 121,7; Mt. 10,30–31
2002 Dieter Trautwein †

1483 Martin Luther *   **Dienstag 10.**
1724 Bartholomäus Crasselius †
1878 Adalbert Graf v.d. Recke-Volmarstein   Mk. 13,9–20; Jer. 18,1–10
1943 Karl Friedrich Stellbrink †   F. Jak. 2,14–26
                                                                    L. Jon. 2,7; 1. Joh. 3,8

11. Mittwoch

Hebr. 13,1–9b;
1. Kor. 7,(25–28)29–32a(32b–33)
F. Jak. 3,1–12
L. Ps. 38,23; 2. Tim. 4,17

  397 Martin v. Tours †
1855 Søren Kierkegaard †
1860 Syrisches Waisenhaus
1918 Waffenstillstand
1947 Martin Dibelius †

Martinstag

12. Donnerstag

2. Thess. 2,1–12; Mk. 13,21–29
F. Jak. 3,13–18
L. Hes. 34,2; Röm. 12,7

1419 Universität Rostock
1862 Christian Gottlieb Barth †

Freitag 13.

354 Augustinus *
1741 Alle Brüdergemeinen ehren Jesus
Christus als Haupt und Ältesten seiner   Mt. 26,36–41; 2. Kor. 6,1–10
Gemeinde   F. Jak. 4,1–12
1899 Liebenzeller Mission gegründet   L. Jes. 66,18; Mt. 25,31–32

Sonnabend 14.

1613 Johannes Mühlmann †
1716 Gottfried Wilhelm Leibniz †
1825 Jean Paul †   Mk. 13,30–37; Am. 8,1–10(11–12)
1831 Georg Wilhelm Friedrich Hegel †   F. Jak. 4,13–5,6
1853 Blindenvater Zeune †   L. Ps. 100,2; 1. Kor. 10,31
1865 Ludwig (Louis) Harms †
1924 Samuel Keller †

15. Vorletzter Sonntag des Kirchenjahres

Volkstrauertag

I: Mt. 25,31–46   **II:** Röm. 8,18–23(24–25)   **III:** Lk. 16,1–8(9)   **IV:** Offb. 2,8–11   **V:** Jer. 8,4–
7   **VI:** 2. Kor. 5,1–10   **Ps:** 50,1.4–6.14–15.23   **M:** 1. Mose 19,12–29 i.A.; Amos 5,18–20;
Sir. 17,16–24; Offb. 20,11–15   **A:** Joh. 3,17–21

K. Ich bereite alles vor (Joh. 14,1–4)   **F.** Ps. 79   **L.** Ps. 84,5; Hebr. 13,15

Wir müssen alle offenbar werden vor dem Richterstuhl Christi (2. Kor. 5,10)
Lied: Es ist gewisslich an der Zeit (EG 149)
Lit. F. grün

>   1280 Albertus Magnus †
>   1630 Johannes Kepler †
>   1670 Amos Comenius †
>   1906 Institut für ärztliche Mission
>   1910 Wilhelm Raabe †
>
>   Internationale Gebetstag für verfolgte Christen

1093 Margareta von Schottland †   **Montag 16.**
1548 Caspar Cruciger †
1897 Wilhelm Heinrich Riehl †   Mt. 7,21–27(28.29); Jes. 58,1–6(7)
1968 Kardinal Augustin Bea †   F. Jak. 5,7–12
                                              L. Jer. 32,19; Apg. 17,28

 594 Gregor von Tours †   **Dienstag 17.**
 680 Hilda, Äbtissin von Whitby †
1231 Elisabeth von Thüringen †   Hebr. 10,26–31; Judit 4,7–14
1624 Jakob Böhme †   F. Jak. 5,13–20
1808 Indianermissionar Zeißberger †   L. 5. Mose 11,26–28; Joh. 14,6
1858 Robert Owen †
1947 Ricarda Huch †

18. Mittwoch / Buß- und Bettag

I: Lk. 13,(1–5)6–9   **II:** Röm. 2,1–11   **III:** Mt. 12,33–35(36–37)   **IV:** Offb. 3,14–22   **V:** Lk. 13,22–27(28–30) **VI:** Jes. 1,10–17 **Ps:** 51,3–14 **M:** Hes. 22,29–31; Zeph. 3,1–13; 1. Petr. 4,12–19; Mt. 11,16–24   **A:** Lk. 15,11–32

F. Mt. 24,1–14   **L.** Hes. 37,26; 2. Kor. 1,20

Gerechtigkeit erhöht ein Volk, aber die Sünde ist der Leute Verderben (Spr. 14,34)
Lied: Aus tiefer Not lasst uns zu Gott (EG 144) od.
Nimm von uns Herr, du treuer Gott (EG 146)
Lit. F. violett

1828 Ludwig Hofacker †
1961 Ökum. Vollversammlung in Neu-Delhi

1299 Mechthild von Hackeborn †
1630 Johann Hermann Schein †
1828 Franz Schubert †
1938 Otto Riethmüller †
1938 Wilhelm Flor, BK-Berater, †

Donnerstag 19.

2. Thess. 1,3–12; Hes. 14,12–23
F. Mt. 24,15–28
L. Spr. 23,17; Mt. 5,45

1022 Bernward von Hildesheim †
1541 Calvins Kirchenordnung in Genf
1839 John Williams, Apostel der Südsee, †
1910 Leo Tolstoi †

Weltkindertag der UNO

Freitag 20.

Mt. 26,59–66; Hebr. 13,17–21
F. Mt. 24,29–31
L. Hes. 36,9; Lk. 1,54–55

21. Sonnabend

Offb. 20,11–15; Tob. 13,9–22
od. Sach. 8,1–8
F. Mt. 24,32–44
L. Ps. 96,2; Eph. 5,19

1541 Wolfgang Capito †
1695 Henry Purcell †
1811 Heinrich von Kleist †

Letzter Sonntag des Kirchenjahres 22.

(Ewigkeitssonntag / Totensonntag)

I: Mt. 25,1–13   **II:** Offb. 21,1–7   **III:** Lk. 12,42–48   **IV:** Jes. 65,17–19(20–22)23–25
V: Mk. 13,31–37 **VI:** 2. Petr. 3,(3–7)8–13   **Ps:** 126   **M:** Weish. 5,15–17; Offb. 21,10–11a
(11b–21)22–27

K. Kommt, denn es ist alles bereit (Mk. 14,12–16)   **F.** Ps. 126   **L.** 2. Mose 15,13; Phil. 3,20

Lasst eure Lenden umgürtet sein und eure Lichter brennen (Lk. 12,35)
Lied: Wachet auf, ruft uns die Stimme (EG 147)
Lit. F. grün

Gedenktag der Entschlafenen (Totensonntag)
I: Joh. 5,24–29   **II:** 1. Kor. 15,35–38.42–44a   **III:** Dan. 12,1b–3   **IV:** Phil. 1,21–26   **V:** Mt.
22,23–33 **VI:** Hebr. 4,9–11   **Ps:** 102 i.A.   **M:** Weish. 3,1–5; Tob. 2,13–18; Offb. 14,13
Lehre uns bedenken, dass wir sterben müssen, auf dass wir klug werden (Ps. 90,12)
Lied: Warum sollt ich mich denn grämen (EG 370)
Lit. F. weiß

1963   Präsident John F. Kennedy ermordet

(Kath. Christkönigsfest)

23. Montag

5. Mose 34,1–7(8); Hebr. 12,18–25
F. Mt. 24,45–51
L. Spr. 16,32; Mt. 5,9

100 Clemens v. Rom †
1906 William Wrede †

24. Dienstag

1. Petr. 1,13–21; Mi. 4,1–5(6–8)
F. Mt. 25,1–13
L. Ps. 14,3; Mt. 6,13

1531 Johannes Oecolampadius †
1572 John Knox, Reformator Schottlands, †
1615 Seth Calvisius †
1996 Metropolit Paulos Gregorios †

1867 Clemens Theodor Perthes †
1900 Willibald Beyschlag †
1923 Erste evangelische Predigt im deutschen
    Rundfunk

Mittwoch 25.

1. Kor. 3,9–15; Hes. 43,1–7a
F. Mt. 25,14–30
L. Spr. 3,9; Lk. 12,19–20

1857 Joseph von Eichendorff †
2001 Walter Habdank †

Donnerstag 26.

Kol. 4,2–6; 1. Thess. 5,9–15
F. Mt. 25,31–46
L. Ps. 135,14; 1. Kor. 1,30

---

27. Freitag

Mt. 27,50–54; Hebr. 13,10–16
F. Jud. 1–16
L. Ps. 34,2; Jak. 5,13

511 Chlodwig †
784 Virgilius v. Salzburg †
1099 Erster Kreuzzug

28. Sonnabend

Offb. 21,10–14.21–27; Sach. 9,(8)9–12
F. Jud. 17–25
L. Jes. 66,2; Apg. 20,32

1541 Margareta Blarer †
1860 Christian K.J. von Bunsen †
1898 Conrad Ferdinand Meyer †

(Orth.: Beginn des Weihnachtsfastens)

1. Sonntag im Advent **29.**

I: Mt. 21,1–9   **II:** Röm. 13,8–12(13–14)   **III:** Jer. 23,5–8   **IV:** Offb. 5,1–5(6–14)
V: Lk. 1,67–79   **VI:** Hebr. 10,(19–22)23–25   **Ps:** 24   **M:** Sach. 9,8–12   **A:** 1. Chr. 17,1–5.11–14

K. Josef gibt seinen guten Namen (Mt. 1,1–17)   **F.** Ps. 117   **L.** Ps. 36,8; 1. Joh. 3,1

Siehe, dein König kommt zu dir, ein Gerechter und ein Helfer (Sach. 9,9)
Lied: Nun komm, der Heiden Heiland (EG 4) od. Die Nacht ist vorgedrungen (EG 16)
Lit. F. violett

30.11.: Tag des Apostels Andreas
Ep: Röm. 10,9–18   **Ev:** Joh. 1,35–42
Lied: Herr, mach uns stark im Mut, der dich bekennt (EG 154) od.
Ich lobe dich von ganzer Seelen (EG 250)
Lit. F. rot

1543 Hans Holbein d. J. †
1975 Heinrich Grüber †
1980 Dorothy Day †

30. Montag

1. Petr. 1,(8.9)10–13; Hab. 2,1–4
F. Jes. 40,1–11
L. Jes. 54,8; Eph. 2,8

722 Bonifatius Bischof
1728 Alexander Roussel †

Tag des Apostels Andreas

1. Dienstag

Hebr. 10,32–39; Mi. 2,1–5.12–13
F. Jes. 40,12–31
L. Ps. 62,2; Röm. 8,26

660 Eligius †
1709 Abraham a Santa Clara †
1806 Johann August Urlsperger †
1859 Alfred Rethel

Monatsspruch Dezember: Jauchzet, ihr Himmel; freue dich, Erde! Lobet, ihr
Berge, mit Jauchzen! Denn der HERR hat sein Volk getröstet und erbarmt sich
seiner Elenden. *Jes. 49,13*

Mittwoch 2.

1381 Jan van Ruysbroek †
1409 Universität Leipzig
1570 Matthäus Alber †
1810 Philipp Otto Runge †
1860 Ferdinand Christian Baur †

Kol. 1,9–14; 2. Sam. 23,1–7
F. Jes. 41,8–14
L. 2. Chr. 14,10; 2. Tim. 4,18

Donnerstag 3.

1706 Ämilie Juliane von
      Schwarzburg-Rudolstadt †
1923 Theodor Haarbeck †
1948 Grundordnung der EKD in Kraft
1996 M. M. Thomas †

1. Thess. 5,(1–3)4–8; Jer. 30,18–22
F. Jes. 42,1–9
L. Dan. 3,17.18; Offb. 3,8

4. Freitag

Mt. 27,27–30; Hes. 37,24–28
F. Jes. 43,1–7
L. Jes. 2,11; Röm. 2,11

306   Barbara †
1563 Konzil von Trient beendet
1865 Adolf Kolping †
1916 Kaiserswerther Verband

(Orth.: Mariä Einführung in den Tempel [21.11.])

5. Sonnabend

Mt. 23,37–39; Hag. 2,1–9
F. Jes. 43,8–13
L. 5. Mose 26,10.11; 1. Thess. 5,18

1791 Wolfgang Amadeus Mozart †
1834 Edward Irving †
1862 Aloys Henhöfer †
1919 Friedrich Zimmer †
2005 Hanns Dieter Hüsch †

2. Sonntag im Advent 6.

I: Lk. 21,25–33   **II:** Jak. 5,7–8   **III:** Mt. 24,1–14   **IV:** Jes. 63,15–16(17–19a).19b; 64,1–3
V: Jes. 35,3–10   **VI:** Offb. 3,7–13   **Ps:** 80,2–7.15–20   **M:** Offb. 2,1–7   **A:** Jes. 26,7–12(13–15)

K. Josef packt an (Mt. 13,55+56)   **F.** Ps. 80   **L.** Jes. 60,1; 1. Thess. 5,5

Seht auf und erhebt eure Häupter, weil sich eure Erlösung naht (Lk. 21,28b)
Lied: Ihr lieben Christen, freut euch nun (EG 6)
Lit. F. violett

> 350 Nikolaus †
> 1564 Ambrosius Bla(u)rer †
> 1913 Deutsche Evangelische Missionshilfe
> 1945 Leonhard Ragaz †
>
> Nikolaus

7. Montag

Hebr. 6,9–12; Jes. 25,1–8
F. Jes. 43,14–28
L. Jes. 11,9; 1. Tim. 2,3–4

1724 Opfer des „Thorner Blutgerichts" †
1874 Konstantin von Tischendorf †
1970 Kniefall Willy Brandts am Warschauer
        Ghetto

(Jüd.: Chanukka, Lichterfest 1. Tag, 7.–14.12.)

8. Dienstag

Offb. 2,12–17; Jes. 59,15b–20
F. Jes. 44,1–5
L. Ps. 102,26; Offb. 14,7

1649 Martin Rinckart †
1691 Richard Baxter †
1867 Christian Spittler (Deutsche
        Christentumsgesellschaft Basel) †
1869 Ende des 1. Vatikanischen Konzils
1965 Abschluss des II. Vatikan. Konzils

(Kath.: Mariä unbefleckte Empfängnis)

1905 Trennung von Kirche und Staat
    in Frankreich

Mittwoch 9.

Offb. 2,1–7; Jes. 44,6–9
F. Jes. 44,6–20
L. Ps. 141,8; Mk. 4,38

1520 Luther verbrennt Bannandrohungsbulle
1868 Friedrich Wilhelm Krummacher †
1929 Franz Rosenzweig †
1948 Erklärung der Menschenrechte
1968 Karl Barth †

Donnerstag 10.

2. Kor. 5,1–10; Jer. 31,1–7
F. Jes. 44,21–28
L. Spr. 16,33; Mt. 10,29

11. Freitag

Lk. 22,66–71; Sach. 2,14–17
F. Jes. 45,1–8
L. Jes. 59,21; 1. Tim. 4,16

1910 Lars Olsen Skrefsrud †
1942 Jochen Klepper † (Freitod)
1986 Henri Ochsenbein †

12. Sonnabend

1. Thess. 4,13–18; Jes. 45,1–8
F. Jes. 45,9–17
L. Ps. 34,8; Apg. 5,19

1154 Vicelin †
1836 Anfang der Goßnerschen Mission
1938 Missionskonferenz in Tambaram (Indien)
1944 Regina Jonas (erste Rabbinerin) in
        Auschwitz ermordet
1963 Theodor Heuss †

3. Sonntag im Advent 13.

I: Mt. 11,2–6(7–10)   **II:** 1. Kor. 4,1–5   **III:** Lk. 3,1–14   **IV:** Röm. 15,4–13   **V:** Jes. 40,1–8 (9–11)   **VI:** Offb. 3,1–6   **Ps:** 85,2–8   **M:** Jes. 45,1–8; Bar. 5,5–9; Mt. 3,1–11(12); Mk. 1,14–15   **A:** Jes. 1,2–9

K. Josef übernimmt die Verantwortung (Mt. 1,18–25)   **F.** Ps. 85   **L.** Spr. 15,33; Jak. 3,13

Bereitet dem Herrn den Weg, denn siehe, der Herr kommt gewaltig (Jes. 40,3.10)
Lied: Mit Ernst, o Menschenkinder (EG 10)
Lit. F. violett

> 1641 Jeanne Françoise de Chantal †
> 1769 Christian Fürchtegott Gellert †
> 1863 Friedrich Hebbel †

14. Montag

Mt. 3,1–6; Hos. 14,2–10
F. Jes. 45,18–25
L. 1. Sam. 16,7; Lk. 1,30

1272 Berthold von Regensburg †
1417 John Oldcastle †
1788 Karl Philipp Em. Bach †
1799 George Washington †

(Jüd.: Chanukka, Lichterfest 8. Tag, 7.–14.12.)

15. Dienstag

Mt. 3,7–12; Zef. 3,1–13
F. Jes. 46,1–13
L. Ps. 106,1; Kol. 3,17

1901 Gerhard Uhlhorn †
1911 Eberhard v. Rothkirch (CVJM) †
1915 Georg v. Viebahn †

999 Adelheid †
1903 Hanna Faust †
1975 Wilhelm Stählin †

Mittwoch 16.

Mt. 21,28–32; Jes. 56,1–8
F. Jes. 49,1–6
L. Hes. 37,14; Lk. 9,11

779 Abt Sturm von Fulda †
1939 Einar Billing †
1964 Lev Zander †

Donnerstag 17.

Lk. 1,26–38; Zef. 3,14–20
F. Jes. 49,7–17
L. Hab. 2,3; Jak. 5,8

18. Freitag

1. Thess. 5,16–24; 1. Mose 49,8–12
F. Jes. 49,18–26
L. 5. Mose 28,1.6; Röm. 4,21

1803 Johann Gottfried Herder †
1828 Baseler Missionare an der Goldküste
1876 Luise Hensel †
1970 Marc Boegner †

19. Sonnabend

2. Kor. 1,18–22; Jes. 11,10–13
F. Jes. 50,4–11
L. Jes. 31,6; Röm. 5,20

220 Clemens von Alexandrien †
1838 Christian Gottlieb Blumhardt †
1944 Paul Blau †

4. Sonntag im Advent **20.**

I: Lk. 1,(39–45)46–55(56)   **II:** Phil. 4,4–7   **III:** Lk. 1,26–33(34–37)38   **IV:** 2. Kor. 1,18–22
V: Joh. 1,19–23(24–28)   **VI:** Jes. 52,7–10   **Ps:** 102,17–23   **M:** Joh. 5,31–40; Röm. 5,12–14.18–21   **A:** Jes. 11,10–13

K. Josef begibt sich mit Maria auf die weite Reise (Lk. 2,1–5)   **F.** Ps. 115   **L.** Ps. 150,2;
Lk. 2,14

Freuet euch in dem Herrn allewege, und abermals sage ich: Freuet euch!
Der Herr ist nahe! (Phil. 4,4–5)
Lied: Nun jauchzet all, ihr Frommen (EG 9)
Lit. F. violett

21.12.: Tag des Apostels Thomas
Ep: 2. Kor. 4,1–6   **Ev:** Joh. 14,1–6 od. Joh. 20,19–29
Lied: Herr, mach uns stark im Mut, der dich bekennt (EG 154) od.
Ich lobe dich von ganzer Seelen (EG 250)
Lit. F. rot

1545 Reformation in der Kurpfalz
1552 Katharina Luther, geb. v. Bora, †
1877 Johann von Hofmann †
1908 Starez Johannes von Kronstadt †

21. Montag

Offb. 3,7.8.10.11(12); Jes. 60,16b–22
F. Jes. 51,1–8
L. Jes. 58,10; Phil. 4,5

1597 Petrus Canisius †
1950 Konrad Kardinal Graf v. Preysing †

Tag des Apostels Thomas

22. Dienstag

Offb. 22,16.17.20.21; Am. 9,11–15
F. Jes. 51,9–16
L. 3. Mose 19,33; Röm. 15,7

1857 Marie Nathusius †
1891 Paul de Lagarde †
1899 Dwight Lyman Moody †
1938 Erste Atomspaltung

Winteranfang – Sonnenwende

(Islam.: Mevlid, Geburtstag des Propheten,
2./3. Jan. und 22./23. Dez.)

1473 Johannes von Krakau †
1559 Anne Dubourg †
1932 Paul Billerbeck †

Mittwoch 23.

Röm. 15,8–13; Jes. 7,10–14
F. Jes. 52,1–6
L. Jes. 65,2; Lk. 15,20–21

24. Heiligabend (Donnerstag)

I: Lk. 2,1–14(15–20)   **II:** Tit. 2,11–14   **III:** Joh. 3,16–21   **IV:** Jes. 9,1–6   **V:** Joh. 7,28–29   **VI:** 1. Tim 3,16   **Ps:** 2 od. 96   **A:** Jes. 11,10–13

K. Josef steht bei (Lk. 2,6–7)   **F.** Jes. 52,7–12   **L.** Jes. 59,2; Mt. 1,21

Das Wort ward Fleisch und wohnte unter uns, und wir sahen seine Herrlichkeit (Joh. 1,14a)
Lied: Gelobet seist du, Jesus Christ (EG 23)
Lit. F. weiß

In der Christnacht
I: Mt. 1,(1–17)18–21(22–25)   **II:** Röm. 1,1–7   **III:** 2. Sam. 7,4–6.12–14a   **IV:** Jes. 7,10–14   **V:** Hes. 37,24–28   **VI:** Kol. 2,3–10   **Ps:** 2.   **M:** 1. Mose 2,15–3,24 i.A.
Lied: Lobt Gott, ihr Christen alle gleich (EG 27)
Lit. F. weiß

1541 Andreas Bodenstein Karlstadt †
1928 Matilda Wrede († 25.12.)
1996 Gottfried Forck †
1998 Peter Janssens †

1. Weihnachtstag / Freitag 25.

I: Lk. 2,(1–14)15–20   **II:** Tit. 3,4–7   **III:** Mi. 5,1–4a   **IV:** 1. Joh. 3,1–6   **V:** Joh. 3,31–36
VI: Gal. 4,4–7   **Ps:** 96   **M:** 1. Kor. 8,2–6

K. Josef steht bei (Lk. 2,6–7)   **F.** Lk. 1,46–55   **L.** 1. Chr. 13,8; Lk. 2,20

Das Wort ward Fleisch und wohnte unter uns, und wir sahen seine Herrlichkeit (Joh. 1,14a)
Lied: Gelobet seist du, Jesus Christ (EG 23)
Lit. F. weiß

496 Taufe Chlodwigs
785 Taufe Widukinds

26. 2. Weihnachtstag / Sonnabend

I: Joh. 1,1–5(6–8)9–14   **II:** Hebr. 1,1–3(4–6)   **III:** Joh. 8,12–16   **IV:** Offb. 7,9–12(13–17)
V: Jes. 11,1–9   **VI:** 2. Kor. 8,9   **Ps:** 96   **M:** Offb. 12,1–6(13–17)   **A:** 2. Chr. 24,19–21

K. Josef steht bei (Lk. 2,6–7)   **F.** Lk. 2,29–32   **L.** Jer. 8,7; Hebr. 2,1

Das Wort ward Fleisch und wohnte unter uns, und wir sahen seine Herrlichkeit (Joh. 1,14)
Lied: Gelobet seist du, Jesus Christ (EG 23) od. Fröhlich soll mein Herze springen (EG 38)
Lit. F. weiß

Tag des Erzmärtyrers Stephanus
AT: 2. Chr. 24,19–21   **Ep:** Apg. (6,8–15)7,55–60   **Ev:** Mt. 10,16–22
Der Tod seiner Heiligen wiegt schwer vor dem Herrn. Dir will ich Dank opfern und des Herrn
Namen anrufen. (Ps. 116,15.17)
Lied: Vom Himmel kam der Engel Schar (EG 25) od. wie am 25.12.
Lit. F. rot

> 1910 Gustav Warneck †
> 1969 Josef Lukl Hromádka (CFK) †
> 1989 Heinrich Vogel †

1. Sonntag nach Weihnachten 27.

I: Lk. 2,(22–24)25–38(39–40)   **II:** 1. Joh. 1,1–4   **III:** Mt. 2,13–18(19–23)   **IV:** 1. Joh. 2,21–25   **V:** Joh. 12,44–50   **VI:** Jes. 49,13–16   **Ps:** 71,14–18   **M:** 2. Mose 2,1–10; Jes. 63,7–9(10–16)

K. Josef traut seinen Träumen (Mt. 2,13–15.19–23)   **F.** Ps. 118,15–29   **L.** 2. Mose 4,11; Joh. 15,16

Das Wort ward Fleisch und wohnte unter uns, und wir sahen Seine Herrlichkeit (Joh. 1,14)
Lied: Vom Himmel kam der Engel Schar (EG 25) od. Freuet euch, ihr Christen alle (EG 34)
Lit. F. weiß

Tag des Apostels und Evangelisten Johannes
I: Joh. 21,20–24   **II:** 1. Joh. 1,1–4(5–10)
Lied: Wunderbarer Gnadenthron (EG 38) od. wie am 25.12.
Lit. F. weiß

28.12.: Tag der Unschuldigen Kindlein
AT: Jer. 31,15–17   **Ep:** Offb. 12,1–6(13–17)   **Ev:** Mt. 2,13–18
Lied: Vom Himmel kam der Engel Schar (EG 25) od. wie am 25.12.
Lit. F. weiß

1356 Christina Ebner †
1543 Georg der Fromme †

(Kath.: Fest der Heiligen Familie)

28. Montag

Offb. 7,1–4.9–12
F. Jes. 52,13–53,5
L. Jos. 24,24; 1. Kor. 15,58

1524 Johann von Staupitz †
1622 Franz von Sales †
1704 Reinhard Hedinger †
1878 Johann Tobias Beck †
1995 Madeleine Barot †

Tag der Unschuldigen Kindlein

29. Dienstag

1. Joh. 4,11–16a; Jes. 46,3–4.9–10
F. Jes. 53,6–12
L. Dan. 2,21; Eph. 5,17

1170 Thomas Becket †
1608 Martin Schalling †
1956 Martin Albertz †

1525 Jakob Fugger †
1906 Josephine Butler †
1968 Hans Asmussen †

Mittwoch 30.

Hebr. 1,(5–6)7–14; 5. Mose 33,26–29
F. Jes. 55,1–5
L. Ps. 147,3; Mt. 8,16

31. Silvester / Altjahrsabend / Donnerstag

I: Lk. 12,35–40   **II:** Röm. 8,31b–39   **III:** Jes. 30,(8–14)15–17   **IV:** 2. Mose 13,20–22
V: Joh. 8,31–36   **VI:** Hebr. 13,8–9b   **Ps:** 121   **M:** Jes. 51,4–6; St. z. Dan. 3 i. A.

F. Jes. 55,6–13   **L.** Mal. 3,20; Mt. 6,10

Barmherzig und gnädig ist der Herr, geduldig und von großer Güte (Ps. 103,8)
Lied: Das alte Jahr vergangen ist (EG 59) od. Der du die Zeit in Händen hast (EG 64)
Lit. F. weiß

1384	John Wiclif †
1948	Vereinigte Evangelisch-Lutherische Kirche (VELKD) in Deutschland konstituiert
1991	Vera v. Trott zu Solz †

1.	Neujahr (Freitag)	
2.	Sbd	
3.	2. S. n. Weihn.	1. Wo.
4.	Mo	
5.	Di	
6.	Mi (Epiphanias)	
7.	Do	
8.	Fr	
9.	Sbd	
10.	1. S. n. Epiphanias	2. Wo.
11.	Mo	
12.	Di	
13.	Mi	
14.	Do	
15.	Fr	
16.	Sbd	
17.	L. S. n. Epiphanias	3. Wo.
18.	Mo	
19.	Di	
20.	Mi	
21.	Do	
22.	Fr	
23.	Sbd	
24.	3. S. v. d. P. (Septuagesimae)	4. Wo.
25.	Mo	
26.	Di	
27.	Mi	
28.	Do	
29.	Fr	
30.	Sbd	
31.	2. S. v. d. P. (Sexagesimae)	5. Wo.

1. Mo

2. Di

3. Mi

4. Do

5. Fr

6. Sbd

7. S. v. d. P. (Estomihi)　　　　　　　　　　　6. Wo.

8. Rosenmontag

9. Fastnacht

10. Aschermittwoch

11. Do

12. Fr

13. Sbd

14. 1. S. d. P. (Invokavit)　　　　　　　　　　7. Wo.

15. Mo

16. Di

17. Mi

18. Do

19. Fr

20. Sbd

21. 2. S. d. P. (Reminiscere)　　　　　　　　　8. Wo.

22. Mo

23. Di

24. Mi

25. Do

26. Fr

27. Sbd

28. 3. S. d. P. (Okuli)　　　　　　　　　　　　9. Wo.

29. Mo

1. Di		
2. Mi		
3. Do		
4. Fr		
5. Sbd		
6. 4. S. d. P. (Laetare)		10. Wo.
7. Mo		
8. Di		
9. Mi		
10. Do		
11. Fr		
12. Sbd		
13. 5. S. d. P. (Judika)		11. Wo.
14. Mo		
15. Di		
16. Mi		
17. Do		
18. Fr		
19. Sbd		
20. 6. S. d. P. (Palmarum)		12. Wo.
21. Mo		
22. Di		
23. Mi		
24. Gründonnerstag		
25. Karfreitag		
26. Karsonnabend		
27. Ostersonntag (Anfang Sommerzeit)		13. Wo.
28. Ostermontag		
29. Di		
30. Mi		
31. Do		

1.	Fr	
2.	Sbd	
3.	1. S. n. O. (Quasimodogeniti)	14. Wo.
4.	Mo	
5.	Di	
6.	Mi	
7.	Do	
8.	Fr	
9.	Sbd	
10.	2. S. n. O. (Misericordias Domini)	15. Wo.
11.	Mo	
12.	Di	
13.	Mi	
14.	Do	
15.	Fr	
16.	Sbd	
17.	3. S. n. O. (Jubilate)	16. Wo.
18.	Mo	
19.	Di	
20.	Mi	
21.	Do	
22.	Fr	
23.	Sbd	
24.	4. S. n. O. (Kantate)	17. Wo.
25.	Mo	
26.	Di	
27.	Mi	
28.	Do	
29.	Fr	
30.	Sbd	

1.	5. S. n. O. (Rogate) (Maifeiertag)	18. Wo.
2.	Mo	
3.	Di	
4.	Mi	
5.	(Christi Himmelfahrt)	
6.	Fr	
7.	Sbd	
8.	6. S. n. O. (Exaudi)	19. Wo.
9.	Mo	
10.	Di	
11.	Mi	
12.	Do	
13.	Fr	
14	Sbd	
15.	Pfingstsonntag	20. Wo.
16.	Pfingstmontag	
17.	Di	
18.	Mi	
19.	Do	
20.	Fr	
21.	Sbd	
22.	Trinitatis	21. Wo.
23.	Mo	
24.	Di	
25.	Mi	
26.	Do (Fronleichnam)	
27.	Fr	
28.	Sbd	
29.	1. S. n. Tr.	22. Wo.
30.	Mo	
31.	Di	

1. Mi		
2. Do		
3. Fr		
4. Sbd		
5. 2. S. n. Tr.		23. Wo.
6. Mo		
7. Di		
8. Mi		
9. Do		
10. Fr		
11. Sbd		
12. 3. S. n. Tr.		24. Wo.
13. Mo		
14. Di		
15. Mi		
16. Do		
17. Fr		
18. Sbd		
19. 4. S. n. Tr.		25. Wo.
20. Mo		
21. Di		
22. Mi		
23. Do		
24. Fr (Johannistag)		
25. Sbd		
26. 5. S. n. Tr.		26. Wo.
27. Mo		
28. Di		
29. Mi		
30. Do		

1.	Fr	
2.	Sbd	
3.	6. S. n. Tr.	27. Wo.
4.	Mo	
5.	Di	
6.	Mi	
7.	Do	
8.	Fr	
9.	Sbd	
10.	7. S. n. Tr.	28. Wo.
11.	Mo	
12.	Di	
13.	Mi	
14.	Do	
15.	Fr	
16.	Sbd	
17.	8. S. n. Tr.	29. Wo.
18.	Mo	
19.	Di	
20.	Mi	
21.	Do	
22.	Fr	
23.	Sbd	
24.	9. S. n. Tr.	30. Wo.
25.	Mo	
26.	Di	
27.	Mi	
28.	Do	
29.	Fr	
30.	Sbd	
31.	10. S. n. Tr.	31. Wo.

1.	Mo	
2.	Di	
3.	Mi	
4.	Do	
5.	Fr	
6.	Sbd	
7.	11. S. n. Tr.	32. Wo.
8.	Mo	
9.	Di	
10.	Mi	
11.	Do	
12.	Fr	
13.	Sbd	
14.	12. S. n. Tr.	33. Wo.
15.	Mo	
16.	Di	
17.	Mi	
18.	Do	
19.	Fr	
20.	Sbd	
21.	13. S. n. Tr.	34. Wo.
22.	Mo	
23.	Di	
24.	Mi	
25.	Do	
26.	Fr	
27.	Sbd	
28.	14. S. n. Tr.	35. Wo.
29.	Mo	
30.	Di	
31.	Mi	

1. Do	
2. Fr	
3. Sbd	
4. 15. S. n. Tr.	36. Wo.
5. Mo	
6. Di	
7. Mi	
8. Do	
9. Fr	
10. Sbd	
11. 16. S. n. Tr.	37. Wo.
12. Mo	
13. Di	
14. Mi	
15. Do	
16. Fr	
17. Sbd	
18. 17. S. n. Tr.	38. Wo.
19. Mo	
20. Di	
21. Mi	
22. Do (Herbstanfang)	
23. Fr	
24. Sbd	
25. 18. S. n. Tr.	39. Wo.
26. Mo	
27. Di	
28. Mi	
29. Do (Michaelistag)	
30. Fr	

1. Sbd	
2. Erntedank / 19. S. n. Tr.	40. Wo.
3. Mo (Tag der Deutschen Einheit)	
4. Di	
5. Mi	
6. Do	
7. Fr	
8. Sbd	
9. 20. S. n. Tr.	41. Wo.
10. Mo	
11. Di	
12. Mi	
13. Do	
14. Fr	
15. Sbd	
16. 21. S. n. Tr.	42. Wo.
17. Mo	
18. Di	
19. Mi	
20. Do	
21. Fr	
22. Sbd	
23. 22. S. n. Tr.	43. Wo.
24. Mo	
25. Di	
26. Mi	
27. Do	
28. Fr	
29. Sbd	
30. 23. S. n. Tr. (Ende Sommerzeit)	44. Wo.
31. Mo (Reformationsfest)	

1.	Di (Gedenktag der Heiligen) Allerheiligen	
2.	Mi	
3.	Do	
4.	Fr	
5.	Sbd	
6.	Drittletzter S.	45. Wo.
7.	Mo	
8.	Di	
9.	Mi	
10.	Do	
11.	Fr	
12.	Sbd	
13.	Vorletzter S. (Volkstrauertag)	46. Wo.
14.	Mo	
15.	Di	
16.	Mi (Buß- und Bettag)	
17.	Do	
18.	Fr	
19.	Sbd	
20.	Letzter S. (Ewigkeitssonntag/Totensonntag)	47. Wo.
21.	Mo	
22.	Di	
23.	Mi	
24.	Do	
25.	Fr	
26.	Sbd	
27.	1. Advent	48. Wo.
28.	Mo	
29.	Di	
30.	Mi	

1.	Do	
2.	Fr	
3.	Sbd	
4.	2. Advent	49. Wo.
5.	Mo	
6.	Di	
7.	Mi	
8.	Do	
9.	Fr	
10.	Sbd	
11.	3. Advent	50. Wo.
12.	Mo	
13.	Di	
14.	Mi	
15.	Do	
16.	Fr	
17.	Sbd	
18.	4. Advent	51. Wo.
19.	Mo	
20.	Di	
21.	Mi	
22.	Do	
23.	Fr	
24.	Heiligabend (Sonnabend)	
25.	1. Weihnachtstag (Sonntag)	52. Wo.
26.	2. Weihnachtstag (Montag)	
27.	Di	
28.	Mi	
29.	Do	
30.	Fr	
31.	Sbd (Silvester) Altjahrsabend	

JANUAR

1. Woche 2017
1. Neujahr (So)

2. Woche
8. 1. S. n. Epiphanias

3. Woche
15. 2. S. n. Epiphanias

4. Woche
22. 3. S. n. Epiphanias

5. Woche
29. 4. S. n. Epiphanias

FEBRUAR

6. Woche
5. L. S. n. Epiphanias

7. Woche
12. 3. S. v. d. P. (Septuagesimae)

8. Woche
19. 2. S. v. d. P. (Sexagesimae)

9. Woche
26. S. v. d. P. (Estomihi

MÄRZ

10. Woche
5. 1. S. d. P. (Invokavit)

11. Woche
12. 2. S. d. P. (Reminiscere)

12. Woche
19. 3. S. d. P. (Okuli)

13. Woche
26. 4. S. d. P. (Laetare)

APRIL

14. Woche
2. 5. S. d. P. (Judika)

15. Woche
9. 6. S. d. P. (Palmarum)

16. Woche
16. Ostersonntag

17. Woche
23. 1. S. n. O.
(Quasimodogeniti)

18. Woche
30. 2. S. n. O.
(Misericordias Domini)

MAI

19. Woche
7. 3. S. n. O. (Jubilate)

20. Woche
14. 4. S. n. O. (Kantate)

21. Woche
21. 5. S. n. O. (Rogate)

22. Woche
28. 6. S. n. O. (Exaudi)

JUNI

23. Woche
4. Pfingstsonntag

24. Woche
11. Trinitatis

25. Woche
18. 1. S. n. Tr.

26. Woche
25. 2. S. n. Tr.

JULI

27. Woche
 2. 3. S. n. Tr.

28. Woche
 9. 4. S. n. Tr.

29. Woche
16. 5. S. n. Tr.

30. Woche
23. 6. S. n. Tr.

31. Woche
30. 7. S. n. Tr.

AUGUST

32. Woche
 6. 8. S. n. Tr.

33. Woche
13. 9. S. n. Tr.

34. Woche
20. 10. S. n. Tr.

35. Woche
27. 11. S. n. Tr.

SEPTEMBER

36. Woche
 3. 12. S. n. Tr.

37. Woche
10. 13. S. n. Tr.

38. Woche
17. 14. S. n. Tr.

39. Woche
24. 15. S. n. Tr.

OKTOBER

40. Woche
 1. Erntedank / 16. S. n. Tr.

41. Woche
 8. 17. S. n. Tr.

42. Woche
15. 18. S. n. Tr.

43. Woche
22. 19. S. n. Tr.

44. Woche
29. 20. S. n. Tr.

NOVEMBER

45. Woche
 5. 21. S. n. Tr.

46. Woche
12. Drittletzter S.
     d. Kirchenjahres

47. Woche
19. Vorletzter S. (Volkstrauertag)

48. Woche
26. Letzter S. (Totensonntag)

DEZEMBER

49. Woche
 3. 1. Advent

50. Woche
10. 2. Advent

51. Woche
17. 3. Advent

52. Woche
24. 4. Advent

 1. Woche 2018
31. Silvester (So)

Die beweglichen evangelischen Hauptfeste 2015 bis 2020

Jahr	Ep.S.	Oster-sonntag	Himmel-fahrt	Pfingst-sonntag	Tr. S.	Bußt.	1. Advent	1. Weih-nachtstag
2015	3	5. April	14. Mai	24. Mai	22	18. Nov.	29. Nov.	Freitag
2016	2	27. März	5. Mai	15. Mai	23	16. Nov.	27. Nov.	Sonntag
2017	5	16. April	25. Mai	4. Juni	21	22. Nov.	3. Dez.	Montag
2018	3	1. April	10. Mai	20. Mai	23	21. Nov.	2. Dez.	Dienstag
2019	5	21. April	30. Mai	9. Juni	20	20. Nov.	1. Dez.	Mittwoch
2020	4	12. April	21. Mai	31. Mai	21	18. Nov.	29. Nov.	Freitag

Besondere Gedenktage

28. 3. 1990	Kurt Scharf †	25
13. 6. 1965	Martin Buber †	50
4. 9. 1965	Albert Schweitzer †	50
22.10. 1965	Paul Tillich †	50
8.12. 1965	Abschluss des II. Vatikan. Konzils	50
16. 3. 1940	Selma Lagerlöf †	75
9. 4.l 1940	Martin Rade †	75
21. 6. 1940	Hermann Stöhr hingerichtet	75
24. 4. 1915	Gedenktag der Armenischen Kirche an ihre Vernichtung in der Türkei	100
10. 1. 1890	Ignaz von Döllinger †	125
4. 3. 1890	Franz Delitzsch †	125
2. 6. 1890	Diakonenanstalt Nürnberg-Rummelsberg	125
4. 7. 1890	Erstes Christliches Seehospiz Amrum	125
29. 7. 1890	Vincent van Gogh †	125
11. 8. 1890	John Henry Kardinal Newman †	125
14.11. 1865	Ludwig (Louis) Harms †	150
4.12. 1865	Adolf Kolping †	150
8. 3. 1840	Pilgermission St. Chrischona	175
21. 1. 1815	Matthias Claudius †	200
3. 5. 1815	Thomas Cook †	200
25. 9. 1815	Basler Mission	200
1. 5. 1790	Philipp Matthäus Hahn †	225
22. 6. 1740	Toleranzedikt Friedrichs des Großen	275
17. 1. 1715	Caspar Neumann †	300
21. 5. 1690	John Eliot (Missionar) †	325
22. 5. 1690	Johann Jakob Schütz †	325
7. 8. 1615	Melchior Vulpius †	400
24.11. 1615	Seth Calvisius †	400
7. 1. 1590	Jakob Andreae †	425
14. 5. 1565	Nikolaus v. Amsdorf †	450
13. 9. 1565	Wilhelm Farel, Reformator Genfs, †	450
8.10. 1565	Johann Matthesius †	450
27. 9. 1540	Jesuitenorden bestätigt	475
6. 7. 1415	Johannes Hus verbrannt	600
11.10. 965	Bruno von Köln †	1050
3. 2. 865	Ansgar †	1150
8. 5. 390	Gregor v. Nazianz (Gedenktag) († 25.1.390)	1625
10. 1. 165	Karpus und Papylus †	1850

Katholische und orthodoxe Feiertage 2015

(in Klammern: Gesetzliche Feiertage)

Katholisch

6.1.	Erscheinung des Herrn (Bad.-Württ., Bayern, Sachsen-Anhalt)	29.6.	Peter und Paul
2.2.	Darstellung des Herrn	6.8.	Verklärung des Herrn
19.3.	Josephstag	15.8.	Mariä Aufnahme in den Himmel (Bayern, Saarland)
25.3.	Verkündigung des Herrn	8.9.	Mariä Geburt
14.5.	Christi Himmelfahrt	1.11.	Allerheiligen (Bad.-Württ., Bayern, Nordrh.-Westf., Rheinland-Pfalz, Saarland)
4.6.	Fronleichnam (B.-Württ., Bayern, Hessen, Nordrh.-Westf., Rheinland-Pfalz, Saarland, Sachsen)	2.11.	Allerseelen
12.6.	Herz-Jesu-Fest	8.12.	Mariä Unbefleckte Empfängnis

Orthodox

(ostkirchliche Datierung – in Klammern: westliches Datum)

7.1.	Geburt unseres Herrn Jesus Christus (25.12.)	19.8.	Christi Verklärung (6.8.)
19.1.	Hl. Theophanie (6.1.)	28.8.	Entschlafen der Gottesgebärerin (15.8.)
15.2.	Begegnung des Herrn (2.2.)	21.9.	Geburt der Gottesgebärerin (8.9.)
7.4.	Mariä Verkündigung (25.3.)	27.9.	Kreuzerhöhung (14.9.)
12.4.	Orthodoxes Osterfest (5.4.)	4.12.	Mariä Einführung in den Tempel (21.11.)
21.5.	Christi Himmelfahrt (14.5.)		
31.5.	Pfingsten/Pentekoste (24.5.)		

Jüdische und islamische Feiertage 2015

Jüdisch

4.2.	Tu biSchwat	23.9.	Jom Kippur (Versöhnungsfest)
5.3.	Purim (Losfest)	28.9. bis 4.10.	Sukkot (Laubhüttenfest Anfang) Laubhüttenfest Ende
4.4. bis 11.4.	Pessach (Passahfest), Anfang Pessach (Passahfest), Ende	5.10.	Schemini Azeret (8. Festtag)
16.4.	Jom haScho'a (Gedenktag für die Opfer der Schoa)	6.10.	Simchat Tora (Fest der Gesetzesfreude)
24./25.5.	Schawuoth (Wochenfest)	7.12.	Chanukka (Lichterfest, 1. Tag)
14./15.9.	Rosch ha-Schana (Neujahrsfest 5776)	14.12.	Chanukka (Lichterfest, 8. Tag)

Islamisch

(wegen der Berechnung nach dem Sichtbarwerden der Mondsichel Verschiebung um einen Tag möglich)

2.–3.1.	Mevlid, Geburtstag d. Propheten, und 22.–23.12.	17.–19.7.	Fastenbrechen
17.6.	Beginn des 1. Ramadan	23.–26.9.	Opferfest
		14.10.	Neujahr (1437 n.H.)
		23.10.	Ashura-Fest

Oster-Tabelle (neuer Stil)

M heißt März, alle anderen Daten sind Tage im April.   *bezeichnet Schaltjahr

Jahr	0	1	2	3	4	5	6	7	8	9
1630	31 M	20	*11	27 M	16	8	*23 M	12	4	24
1640	* 8	31 M	20	5	*27 M	16	1	21	*12	4
1650	17	9	*31 M	13	5	28 M	*16	1	21	13 M
1660	*28 M	17	9	25 M	*13	5	25	10	* 1	21
1670	6	29 M	*17	2	25 M	14	* 5	18	10	2
1680	*21	6	29 M	18	* 2	22	14	30 M	*18	10
1690	26 M	15	* 6	22 M	11	3	*22	7	30 M	19
1700	11	27 M	16	8	*23 M	12	4	24	* 8	31 M
1710	20	5	*27 M	16	1	21	*12	28 M	17	9
1720	*31 M	13	5	28 M	*16	1	21	13	*28 M	17
1730	9	25 M	*13	5	25	10	* 1	21	6	29 M
1740	*17	2	25 M	14	* 5	18	10	2	*14	6
1750	29 M	11	* 2	22	14	30 M	*18	10	26 M	15
1760	* 6	22 M	11	3	*22	7	30 M	19	* 3	26 M
1770	15	31 M	*19	11	3	16	* 7	30 M	19	4
1780	*26 M	15	31 M	20	*11	27 M	16	8	*23 M	12
1790	4	24	* 8	31 M	20	5	*27 M	16	8	24 M
1800	13	5	18	10	* 1	14	6	29 M	*17	2
1810	22	11	*29 M	19	10	26 M	*14	6	22 M	11
1820	* 2	22	7	30 M	*18	3	26 M	15	* 6	19
1830	11	3	*22	7	30 M	19	* 3	26 M	15	31 M
1840	*19	11	27 M	16	* 7	23 M	12	4	*23	8
1850	31 M	20	*11	27 M	16	8	*23 M	12	4	24
1860	* 8	31 M	20	5	*27 M	16	1	21	*12	28 M
1870	17	9	*31 M	13	5	28 M	*16	1	21	13
1880	*28 M	17	9	25 M	*13	5	25	10	* 1	21
1890	6	29 M	*17	2	25 M	14	* 5	18	10	2
1900	15	7	30 M	12	* 3	23	15	31 M	*19	11
1910	27 M	16	* 7	23 M	12	4	*23	8	31 M	20
1920	* 4	27 M	16	1	*20	12	4	17	* 8	31 M
1930	20	5	*27 M	16	1	21	*12	28 M	17	9
1940	*24 M	13	5	25	* 9	1	21	6	*28 M	17
1950	9	25 M	*13	5	18	10	* 1	21	6	29 M
1960	*17	2	22	14	*29 M	18	10	26 M	*14	6
1970	29 M	11	* 2	22	14	30 M	*18	10	26 M	15
1980	* 6	19	11	3	*22	7	30 M	19	* 3	26 M
1990	15	31 M	*19	11	3	16	* 7	30 M	12	4
2000	*23	15	31 M	20	*11	27 M	16	8	*23 M	12
2010	4	24	* 8	31 M	20	5	*27 M	16	1	21
2020	*12	4	17	9	*31 M	20	5	28 M	*16	1
2030	21	13	*28 M	17	9	25 M	*13	5	25	18
2040	* 1	21	6	29 M	*17	9	25 M	14	* 5	18
2050	10	2	*21	6	29 M	18	* 2	22	14	30 M
2060	*18	10	26 M	15	* 6	29 M	11	3	*22	14
2070	30 M	19	*10	26 M	15	7	*19	11	3	23
2080	* 7	30 M	19	4	*26 M	15	31 M	20	*11	3
2090	16	8	*30 M	12	4	24	*15	31 M	20	12
2100	28 M	17	9	25 M	*13	5	18	10	* 1	21

261

Immerwährender Kalender von 1801–2035

Jahreszahlen									Januar	Februar	März	April	Mai	Juni	Juli	August	September	Oktober	November	Dezember
1801	1829	1857	1885		1925	1953	1981	09	4	0	0	3	5	1	3	6	2	4	0	2
02	30	58	86		26	54	82	10	5	1	1	4	6	2	4	0	3	5	1	3
03	31	59	87		27	55	83	11	6	2	2	5	0	3	5	1	4	6	2	4
04	32	60	88		28	56	84	12	0	3	4	0	2	5	0	3	6	1	4	6
05	33	61	89	1901	29	57	85	13	2	5	5	1	3	6	1	4	0	2	5	0
06	34	62	90	02	30	58	86	14	3	6	6	2	4	0	2	5	1	3	6	1
07	35	63	91	03	31	59	87	15	4	0	0	3	5	1	3	6	2	4	0	2
08	36	64	92	04	32	60	88	16	5	1	2	5	0	3	5	1	4	6	2	4
09	37	65	93	05	33	61	89	17	0	3	3	6	1	4	6	2	5	0	3	5
10	38	66	94	06	34	62	90	18	1	4	4	0	2	5	0	3	6	1	4	6
11	39	67	95	07	35	63	91	19	2	5	5	1	3	6	1	4	0	2	5	0
12	40	68	96	08	36	64	92	20	3	6	0	3	5	1	3	6	2	4	0	2
13	41	69	97	09	37	65	93	21	5	1	1	4	6	2	4	0	3	5	1	3
14	42	70	98	10	38	66	94	22	6	2	2	5	0	3	5	1	4	6	2	4
15	43	71	99	11	39	67	95	23	0	3	3	6	1	4	6	2	5	0	3	5
16	44	72		12	40	68	96	24	1	4	5	1	3	6	1	4	0	2	5	0
17	45	73		13	41	69	97	25	3	6	6	2	4	0	2	5	1	3	6	1
18	46	74		14	42	70	98	26	4	0	0	3	5	1	3	6	2	4	0	2
19	47	75		15	43	71	99	27	5	1	1	4	6	2	4	0	3	5	1	3
20	48	76		16	44	72	2000	28	6	2	3	6	1	4	6	2	5	0	3	5
21	49	77	1900	17	45	73	01	29	1	4	4	0	2	5	0	3	6	1	4	6
22	50	78		18	46	74	02	30	2	5	5	1	3	6	1	4	0	2	5	0
23	51	79		19	47	75	03	31	3	6	6	2	4	0	2	5	1	3	6	1
24	52	80		20	48	76	04	32	4	0	1	4	6	2	4	0	3	5	1	3
25	53	81		21	49	77	05	33	6	2	2	5	0	3	5	1	4	6	2	4
26	54	82		22	50	78	06	34	0	3	3	6	1	4	6	2	5	0	3	5
27	55	83		23	51	79	07	35	1	4	4	0	2	5	0	3	6	1	4	6
28	56	84		24	52	80	08	36	2	5	6	2	4	0	2	5	1	3	6	1

Wochentage

1	8	15	22	29	36	Sonntag
2	9	16	23	30	37	Montag
3	10	17	24	31		Dienstag
4	11	18	25	32		Mittwoch
5	12	19	26	33		Donnerstag
6	13	20	27	34		Freitag
7	14	21	28	35		Sonnabend

Erklärung

Frage: Auf welchen Wochentag fällt der 31. Oktober 2007?

Antwort: Auf einen Mittwoch.

Lösung: Ich gehe von der in Tafel „Jahreszahlen" aufgesuchten Zahl 2007 nach rechts bis zu der unter Oktober stehenden Ziffer (1). Zähle ich zu dieser Zahl die Zahl des Monatstages (31), so habe ich 32. In Tafel „Wochentage" steht neben 32: Mittwoch.

Die christlichen Kirchen
und ihre Arbeitsorganisationen

Die Aufnahme in das Verzeichnis ist mit keiner Empfehlung verbunden. – Ergänzungen und Verbesserungen sind erwünscht. – Nachdruck verboten. – Abkürzungen: Abt./Abteilung. Bk./Bischofskanzlei. Dir./Direktor(in). Gf./Geschäftsführer(in). Gst./Geschäftsstelle. Inst./ Institut. KL/Kirchenleitung. KR/Kirchenrat, Kirchenrätin. L/Leiter(in), Leitung. LKA/Landeskirchenamt. LKR/Landeskirchenrat, Landeskirchenrätin. OKR/Oberkirchenrat. OKRin/ Oberkirchenrätin. OLKR/Oberlandeskirchenrat, Oberlandeskirchenrätin. P., Pfr./Pastor, Pfarrer. Pn./Pastorin, Pfarrerin. Präs./Präses, Präsident(in), Präsidium. Ref./Referent(in), Referat. Sekr./Sekretär(in), Sekretariat. Stellv./Stellvertreter(in). Sup./Superintendent(in). Tel./Telefon. Vors., Vorst./Vorsitzende, Vorsteher(in), Vorstand.

A) Die evangelischen Kirchen
in der Bundesrepublik Deutschland

1. Landeskirchliche Zusammenschlüsse

Evangelische Kirche in Deutschland (EKD)

Gst.: Kirchenamt der EKD, Herrenhäuser Str. 12, 30419 Hannover, Tel.: 0511 2796-0, Fax: 0511 2796-707, E-Mail: info@ekd.de, Internet: www.ekd.de

Synode der EKD
Präses: Bundesministerin a.D. Dr. Irmgard **Schwaetzer**
Vizepräses: Ministerpräsident a.D. Dr. Günther **Beckstein** und OKR Klaus **Eberl**
Gst. Synode: KOARin Heidi **Heine** (Leitung), Kirchenamt der Evangelischen Kirche in Deutschland, Herrenhäuser Str. 12, 30419 Hannover, Tel. 0511 2796-114, Fax: 0511 2796-707, E-Mail: synode@ekd.de

Rat der EKD (2009–2015)
Mitglieder: Dr. h.c. Nikolaus **Schneider**, Berlin (Vorsitzender des Rates der EKD); Landesbischof Prof. Dr. Heinrich **Bedford-Strohm**, München; Landesbischof Jochen **Bohl**, Radebeul (Stellv. Ratsvorsitzender der EKD); Erzieherin Tabea **Dölker**, Holzgerlingen; Mathematikerin Dr. Elke **Eisenschmidt**, Berlin; Landesbischof Dr. Ulrich **Fischer**, Neulußheim; Vorstandsmitglied Edeltraud **Glänzer**, Hannover; Professorin Elisabeth **Gräb-Schmidt**, Tübingen; Fernsehredakteur i.R. Uwe **Michelsen**, Hamburg; Generalsekretär Dr. Fidon **Mwombeki**, Wuppertal; Bundesministerin a.D. Dr. Irmgard **Schwaetzer**, Berlin (Präses der 11. Synode der EKD und Mitglied des Rates der EKD); Kirchenpräsident i.R. Jann **Schmidt**, Leer; Marlehn **Thieme**, Bad Soden; Architektin Prof. Gesine **Weinmiller**, Berlin; Vizepräsident Klaus **Winterhoff**, Bielefeld

Kirchenkonferenz
Herrenhäuser Str. 12, 30419 Hannover, Tel.: 0511 2796-0, Fax: 0511 2796-707, E-Mail: info@ekd.de

Der Bevollmächtigte des Rates der EKD bei der Bundesrepublik Deutschland
Prälat Dr. Martin **Dutzmann**, Charlottenstr. 53/54, 10117 Berlin, Tel.: 030 20355-0, Fax: 030 20355-100, E-Mail: ekd@ekd-berlin.de, Internet: www.ekd-berlin.de
Außenstelle des Bevollmächtigten in Brüssel: Haus der EKD, Rue Joseph II 166, B-1000 Bruxelles, Tel. 0032 (0)2-2301639, Fax 0032-(0)2-2800108, E-Mail: ekd.bruessel@ekd.eu, Internet: www.ekd.eu. *Leitung der Dienststelle:* OKRin Katrin **Hatzinger**

Kirchenamt der EKD, Herrenhäuser Str. 12, 30419 Hannover, Tel.: 0511 2796-0,
Fax: 0511 2796-707, E-Mail: info@ekd.de, Internet: www.ekd.de
- *Hauptabteilung I: Leitung / Recht und Finanzen*
  angegliedert: Presse und Publizistik, Chancengerechtigkeit
  Leitung: Präsident Dr. Hans Ulrich **Anke**
  Abteilung *Leitung des Kirchenamtes:* Präsident Dr. Hans Ulrich **Anke**
  Abteilung *Recht:* OKR Dr. Christoph **Thiele**
  Abteilung *Finanzen:* OKR Thomas **Begrich**
  Leitung Referatsgruppe Kommunikation: Dr. Michael **Brinkmann**
  Kontakte: Tel.: 0511 2796-264, -283, -271, Fax: 0511 2796-777, E-Mail: presse@ekd.de,
  Internet: internet@ekd.de
- *Hauptabteilung II: Kirchliche Handlungsfelder / Bildung*
  Leitung: Vizepräsident OKR Dr. Thies **Gundlach**
  Abteilung *Kirchliche Handlungsfelder:* Vizepräsident OKR Dr. Thies **Gundlach**
  Abteilung *Bildung:* OKRin Birgit **Sendler-Koschel**
- *Hauptabteilung III: Öffentliche Verantwortung*
  angegliedert: Amt der VELKD
  Leitung: Vizepräsident Dr. Friedrich **Hauschildt**
  Abteilung *Öffentliche Verantwortung:* Vizepräsident Dr. Friedrich **Hauschildt**
- *Hauptabteilung IV: Ökumene und Auslandsarbeit*
  angegliedert: Amt der UEK
  Leitung: Vizepräsidentin Bischöfin Petra **Bosse-Huber**
  Abteilung *Ökumene:* Vizepräsidentin Bischöfin Petra **Bosse-Huber**
  Abteilung *Auslandsarbeit:* OKRin Dine **Fecht**

Beauftragte des Rates der EKD
- *Beauftragter des Rates für deutsch-polnische Beziehungen:* Bischof Dr. Hans-Jürgen **Abromeit**,
  Bischof im Sprengel Mecklenburg und Pommern, Karl-Marx-Platz 15, 17489 Greifswald,
  Tel.: 03834 77185-0, Fax: 03834 77185-25, E-Mail: bischofskanzlei@bkgw.nordkirche.de,
  Internet: www.bischof-greifswald.de
- *Kulturbeauftragte des Rates der EKD:* OKRin Dr. Petra **Bahr**, Auguststr. 80, 10117 Berlin,
  Tel.: 030 28395-480, Fax: 030 28395-483, E-Mail: kultur@ekd.de
- *Beauftragter des Rates der EKD für die inhaltliche Begleitung der Führungsakademie für Kirche
  und Diakonie:* Dr. Peter F. **Barrenstein**
- *Friedensbeauftragter des Rates der EKD, Beauftragter für Kriegsdienstverweigerung
  und Zivildienst:* Schriftführer Renke **Brahms**, 28199 Bremen, Franziuseck 2–4,
  Tel.: 0421 5597-268, Fax: 0421 5597-265, E-Mail: friedensbeauftragter@ekd.de
- *Der Medienbeauftragte des Rates der EKD und VEF:* OKR Markus **Bräuer**,
  60439 Frankfurt a.M., Emil-von-Behring-Str. 3, Tel.: 069 58098-158,
  Fax: 069 58098-320, E-Mail: markus.braeuer@ekd.de
- *Beauftragter des Rates der EKD für Umweltfragen:* Prof. Dr. Hans **Diefenbacher**,
  69118 Heidelberg, c/o FEST, Schmeilweg 5, Tel.: 06221 9122-0, Fax: 06221 167257,
  E-Mail: hans.diefenbacher@fest-heidelberg.de
- *Beauftragter des Rates der EKD für agrarsoziale Fragen – Landwirtschaft, Ernährung, Ländliche
  Räume:* Dr. Clemens **Dirscherl**, Ev. Bauernwerk in Württemberg e.V. und Ländliche
  Heimvolkshochschule, Hohebuch 16, 74638 Waldenburg-Hohebuch,
  Bauernwerk: Tel. 07942 107-70, Fax 07942 107-77; HVHS: Tel. 07942 107-0,
  Fax 07942 107-20; E-Mail: c.dirscherl@hohebuch.de; Internet: www.hohebuch.de
- *Beauftragter des Rates der EKD für den Sudan und Südsudan:* OKR i.R. Dr. h.c. Volker
  Faigle, Lenbachstr. 5, 10245 Berlin, Tel.: 030 49301995, E-Mail: v.faigle@berlin.de
- *Sportbeauftragter des Rates der EKD:* Dr. Bernhard **Felmberg**, c/o Geschäftsstelle „Kirche
  und Sport" der EKD, Herrenhäuser Str. 12, 30419 Hannover, Tel.: 0511 2796-704,
  Fax: 0511 2796-99704
- *Der Beauftragte für den Datenschutz der Evangelischen Kirche in Deutschland:*
  Kirchenoberrechtsrat Michael **Jacob**, Böttcherstr. 7, 30419 Hannover,
  Tel.: 0511 768128-0, Fax: 0511 768128-20, E-Mail: info@datenschutz.ekd.de,
  Internet: www.ekd.de/datenschutz

- *Beauftragter des Rates für Freiwilligendienste:* Bischof Jan **Janssen**, Philosophenweg 1, 26121 Oldenburg, Tel.: 0441 7701-0, Fax: 0441 7701299, E-Mail: info@kirche-oldenburg.de
- *Beauftragter des Rates der EKD für den Kontakt zu den Kommunitäten:* Landesbischof i. R. Jürgen **Johannesdotter**, Straußweg 5 A, 31675 Bückeburg, Tel.: 05722 4244
- *Beauftragter für Fragen der Spätaussiedler und der Heimatvertriebenen:* Kirchenpräsident i.R. Helge **Klassohn**, 15526 Bad Saarow, Alte Dorfstr. 8, Tel. u. Fax: 033631 646830, E-Mail: cah.klassohn@web.de
- *Beauftragter für die Evangelische Seelsorge in der Bundespolizei:* Landesbischof Dr. Karl-Hinrich **Manzke**, Herderstr. 27, 31675 Bückeburg, Tel.: 05722 960-17, Fax: 05722 960-28, E-Mail: landesbischof@lksl.de
- *Beauftragter für den Johanniterorden:* Professor Dr. Dres. h.c. Christoph **Markschies**, Humboldt-Universität zu Berlin, Theologische Fakultät, Lehrstuhl für Ältere Kirchengeschichte, Unter den Linden 6, 10099 Berlin, Tel.: 030 20934735, E-Mail: christoph.markschies@rz.hu-berlin.de
- *Beauftragter des Rates für den missionarischen Dienst in der Kirche:* Bischof i. R. Axel **Noack**, 06118 Halle, Willi-Dolgner-Str. 7, Tel.: 0345 5523056, E-Mail axel.noack@theologie.uni-halle.de
- *Beauftragter der EKD für Kirche in Freizeit und Tourismus:* Dr. Sigurd Immanuel **Rink**, Schwalbacher Str. 6, 65185 Wiesbaden, Tel.: 0611 1409-800, Fax: 0611 1409-802, E-Mail: ev.propstei.sued-nassau@ekhn-net.de
- *Beauftragter des Rates für Seelsorge und Beratung von Opfern der SED-Kirchenpolitik:* Curt **Stauss**, Schlossplatz 1d (Ev. Akademie), 06886 Wittenberg, Tel.: 03491 498860, E-Mail: curt.stauss@t-online.de

Werke, Institute und Arbeitsbereiche

Evangelisches Werk für Diakonie und Entwicklung e.V., Leiter: Johannes **Stockmeier**
Diakonie Deutschland – Evangelischer Bundesverband, Caroline-Michaelis-Str. 1, 10115 Berlin, Tel.: 030 65211-0, Fax: 030 65211-3333, E-Mail: diakonie@diakonie.de, Internet: www.diakonie.de
Brot für die Welt – Evangelischer Entwicklungsdienst, Caroline-Michaelis-Str. 1, 10115 Berlin, Tel.: 030 65211-0, Fax: 030 652 11-3333, E-Mail: kontakt@brot-fuer-die-welt.de, Internet: www.brot-fuer-die-welt.de
Evangelisches Missionswerk in Deutschland e.V. (EMW), Leiter: Pfarrer Christoph **Anders**, Normannenweg 17 21, 20537 Hamburg, Tel.: 040 254560, Fax: 040 2542987, Internet: www.emw-d.de
Evangelische Kommunitäten / Geistliche Gemeinschaften im deutschsprachigen Raum,
- Evangelische Kommunitäten im deutschsprachigen Raum („Konferenz evangelischer Kommunitäten" – Kek): Sr. Mirjam **Zahn**, Wildenberg 23, 95152 Selbitz, Tel.: 09280 68-19 (68-0), Fax: 09280 68-68, E-Mail: sr.mirjam.z@christusbruderschaft.de, Internet: www.evangelische-kommunitaeten.de
- Geistliche Gemeinschaften („Treffen Geistlicher Gemeinschaften" – TGG): Pfr. Dr. Frank **Lilie**, Kasseler Str. 1634513 Waldeck, Tel.: 05634 243, E-Mail: frank.lilie@michaelsbruderschaft.de, Internet: www.evangelische-kommunitaeten.de
Gemeinschaftswerk der Evangelischen Publizistik gGmbH (GEP), Leiter: Gf.: Jörg **Bollmann**, Emil-von-Behring-Straße 3, 60439 Frankfurt a.M., Tel.: 069 580980, Fax: 069 58098100, Internet: www.gep.de
Evangelisches Zentralarchiv, Leiter: Dr. Henning **Pahl**, Bethaniendamm 29, 10997 Berlin, Tel.: 030 22504541, Fax: 030 22504540, E-Mail: henning.pahl@ezab.de, Internet: www.ezab.de
Kirchenrechtliches Institut der EKD, Leiter: Prof. Dr. Hans Michael **Heinig**, Goßlerstraße 11, 37073 Göttingen, Tel.: 0551 3910602, Fax: 0551 3910607, E-Mail: info@kirchenrechtliches-institut.de, Internet: www.kirchenrechtliches-institut.de

Evangelische Zentralstelle für Weltanschauungsfragen (EZW), Leiter: Dr. theol. Reinhard **Hempelmann**, Auguststraße 80, 10117 Berlin, Tel.: 030 28 39 52 11, Fax: 030 28395212, Internet: www.ezw-berlin.de/

Evangelischer Bund / Konfessionskundliches Institut (KI), *Gf.:* Pfarrerin Ksenija **Auksutat**, Ernst-Ludwig-Str. 7, 64625 Bensheim, Tel.: 06251 8433-11, Fax: 06251 8433-28, E-Mail: info@ki-bensheim.de, Internet: www.ki-bensheim.de

Institut für Kirchenbau und kirchliche Kunst der Gegenwart, Kommissarischer Leiter: Prof. Dr. Dietrich **Korsch**, Am Plan 3, 35037 Marburg, Tel.: 06421 23143, Fax: 06421 161231, E-Mail: kirchbau@staff.uni-marburg.de, Internet: www.kirchenbau.info

Sozialwissenschaftliches Institut der EKD (SI), Arnswaldtstraße 6, 30159 Hannover, Tel.: 0511 554741-0, Fax: 0511 554741-44, E-Mail: info@si-ekd.de, Internet: www.si-ekd.de

Forschungsstätte der Evangelischen Studiengemeinschaft e.V. (FEST), – Institut für interdisziplinäre Forschung –, Leiter: Prof. Dr. Dr. h.c. Eberhard **Schmidt-Aßmann**, Schmeilweg 5, 69118 Heidelberg, Tel.: 06221 9122-0, Fax: 06221 167257, E-Mail: info@fest-heidelberg.de, Internet: www.fest-heidelberg.de

Evangelische Schulstiftung in der EKD, Vorstandsvorsitzender: Kirchenrat Marco **Eberl**, Herrenhäuser Straße 12, 30419 Hannover, Tel.: 0511 2796-0, Fax: 0511 2796-707, E-Mail: ess@ekd.de, Internet: www.ekd.de/studium_bildung/, ev_schulstiftung.html

Evangelische Arbeitsstelle Fernstudium im Comenius-Institut, Leiter: Dr. Gertrud **Wolf**, Heinrich-Hoffmann-Str. 3, 60528 Frankfurt a.M., Tel.: 069 67724907, Fax: 069 67725278, E-Mail: info@fernstudium-ekd.de, Internet: www.fernstudium-ekd.de

Evangelische Fachstelle für Arbeits- und Gesundheitsschutz (EFAS), Otto-Brenner-Str. 9, 30159 Hannover, Tel.: 0511 2796-640, Fax: 0511 2796-630, E-Mail: info@efas-online.de, Internet: www.efas-online.de

Studienzentrum der EKD für Genderfragen in Kirche und Theologie, Arnswaldtstr. 6, 30159 Hannover, Tel.: 0511 554741-34, Internet: www.fsbz.de

Aussiedlerseelsorge in der EKD, OKRin Inken **Richter-Rethwisch**, Herrenhäuser Straße 12, 30419 Hannover, Tel.: 0511 2796-275, Fax: 0511 2796-722, Internet: www.aussiedlerseelsorge.de

Gustav-Adolf-Werk e.V., Diasporawerk der EKD, Pistorisstr. 6, 04229 Leipzig, Tel.: 0341 49062-0, Fax: 0341 4906266, E-Mail: info@gustav-adolf-werk.de, Internet: www.gustav-adolf-werk.de

Martin-Luther-Bund, Generalsekretär: Pfarrer Dr. habil. Rainer **Stahl**, Zentralstelle, Fahrstr. 15, 91054 Erlangen, Tel.: 09131 7870-0, E-Mail: info@martin-luther-bund.de, Internet: www.mlb-zentrale.de

Evangelische Partnerhilfe e.V., Archivstr. 3, 30169 Hannover, Tel.: 0511 1241-478, Fax: 0511 1241-378, E-Mail: ev-partnerhilfe@ekd.de, Internet: www.ev-partnerhilfe.de

Gliedkirchen der EKD

Ev. Landeskirche Anhalts, Kirchenpräsident Joachim **Liebig**, Landeskirchenamt, Friedrichstr. 22/24, 06844 Dessau-Roßlau, Tel.: 0340 2526-0, Fax: 0340 2526-130, E-Mail: presse@kircheanhalt.de, Internet: www.landeskirche-anhalts.de

Ev. Landeskirche in Baden, Landesbischof Prof. Dr. Jochen **Cornelius-Bundschuh**, Blumenstr. 1–7, 76133 Karlsruhe, Tel.: 0721 9175-0, Fax: 0721 9175-550, E-Mail: info@ekiba.de, Internet: www.ekiba.de

Ev.-Lutherische Kirche in Bayern, Landesbischof Prof. Dr. Heinrich **Bedford-Strohm**, Landeskirchenamt, Katharina-von-Bora-Straße 11–13, 80333 München, Tel.: 089 5595-0, Fax: 089 5595-444, E-Mail: pressestelle@elkb.de, Internet: www.bayern-evangelisch.de

Ev. Kirche Berlin-Brandenburg-schlesische Oberlausitz, Evangelisches Zentrum Berlin Brandenburg, Bischof Dr. Markus **Dröge**, Georgenkirchstr. 69/70, 10249 Berlin, Tel.: 030 24344-0, Fax: 030 24344-500, E-Mail: info@ekbo.de, Internet: www.ekbo.de

Evangelisch-lutherische Landeskirche in Braunschweig, Landesbischof Prof. Dr. Friedrich **Weber**, Landeskirchenamt, Dietrich-Bonhoeffer-Straße 1, 38300 Wolfenbüttel, Tel.: 05331 802-0, Fax: 05331 802-707, E-Mail: ips@lk-bs.de, Internet: www.landeskirche-braunschweig.de

Bremische Evangelische Kirche, Kirchenkanzlei, Präsidentin: Edda **Bosse**; Schriftführer: Pastor Renke Brahms. Haus der Kirche, Franziuseck 2–4, 28199 Bremen, Tel.: 0421 5597-0, Fax: 0421 5597-265, E-Mail: kirchenkanzlei@kirche-bremen.de, Internet: www.kirche-bremen.de

Evangelisch-Lutherische Landeskirche Hannovers, Landeskirchenamt, Landesbischof Ralf **Meister**, Rote Reihe 6, 30169 Hannover, Tel.: 0511 1241-0, Fax: 0511 1241-266, E-Mail: Landeskirchenamt@evlka.de, Internet: www.landeskirche-hannover.de

Ev. Kirche in Hessen und Nassau, Kirchenpräsident Dr. Volker **Jung**, Kirchenverwaltung, Paulusplatz 1, 64285 Darmstadt, Tel.: 06151 405-0, Fax: 06151 405-440, E-Mail: info@ekhn.de, Internet: www.ekhn.de

Ev. Kirche von Kurhessen-Waldeck, Bischof Prof. Dr. Martin **Hein**, Landeskirchenamt, Wilhelmshöher Allee 330, 34131 Kassel-Wilhelmshöhe, Tel.: 0561 9378-0, Fax: 0561 9378-400, E-Mail: landeskirchenamt@ekkw.de, Internet: www.ekkw.de

Lippische Landeskirche, Landessuperintendent Dietmar **Arends**, Landeskirchenamt, Leopoldstr. 27, 32756 Detmold, Tel.: 05231 976-60, Fax: 05231 976-850, E-Mail: presse@lippische-landeskirche.de, Internet: www.lippische-landeskirche.de

Evangelische Kirche in Mitteldeutschland, Landesbischöfin Ilse **Junkermann**, Michaelisstr. 39, 99084 Erfurt, Tel.: 0361 51800-0, Fax: 0361 51800-198, E-Mail: Landeskirchenamt@ekmd.de, Internet: www.ekmd.de

Evangelisch-Lutherische Kirche in Norddeutschland (Nordkirche), Landesbischof Gerhard **Ulrich**, Münzstr. 8–10, 19055 Schwerin, Tel.: 0385 20223-168 oder 160, E-Mail: landesbischof@nordkirche. de, Internet: www.nordkirche.de

Ev.-Lutherische Kirche in Oldenburg, Bischof Jan **Janssen**, Philosophenweg 1, 26121 Oldenburg, Tel.: 0441 7701-0, Fax: 0441 7701-2199, E-Mail: info@kirche-oldenburg.de, Internet: www.kirche-oldenburg.de

Ev. Kirche der Pfalz (Protestantische Landeskirche), Landeskirchenrat, Kirchenpräsident Christian **Schad**, Domplatz 5, 67346 Speyer, Tel.: 06232 667-0, Fax: 06232 667-480, E-Mail: landeskirchenrat@evkirchepfalz.de, Internet: www.evkirchepfalz.de

Ev.-reformierte Kirche, Kirchenpräsident Martin **Heimbucher**, Saarstr. 6, 26789 Leer, Tel.: 0491 9198-0, Fax: 0491 9198-251, presse@reformiert.de, Internet: www.reformiert.de

Ev. Kirche im Rheinland, Präses Manfred **Rekowski**, Landeskirchenamt, Hans-Böckler-Straße 7, 40476 Düsseldorf, Tel.: 0211 4562-0, Fax: 0211 4562-444, E-Mail: lka@ekir-lka.de, Internet: www.ekir.de

Ev.-Lutherische Landeskirche Sachsens, Landesbischof Jochen **Bohl**, Landeskirchenamt, Lukasstr. 6, 01069 Dresden, Tel.: 0351 4692-0, Fax: 0351 4692-109, E-Mail: kirche@evlks.de, Internet: www.landeskirche-sachsen.de

Ev.-Lutherische Landeskirche Schaumburg-Lippe, Landesbischof Dr. Karl-Hinrich **Manzke**, Landeskirchenamt, Herderstr. 27, 31675 Bückeburg, Tel.: 05722 960-0, Fax: 05722 960-10, E-Mail: lka@lksl.de, Internet: www.landeskirche-schaumburg-lippe.de

Ev. Kirche von Westfalen, Landeskirchenamt, Präses Annette **Kurschus**, Altstädter Kirchplatz 5, 33602 Bielefeld, Tel.: 0521 594-0, Fax: 0521 594-129, E-Mail: landeskirchenamt@lka.ekvw.de, Internet: www.evangelisch-in-westfalen.de

Ev. Landeskirche in Württemberg, Landesbischof Dr. h.c. Frank Otfried **July**, Ev. Oberkirchenrat, Gänsheidestr. 4, 70184 Stuttgart, Tel.: 0711 2149-0, Fax: 0711 2149-236, E-Mail: kontakt@elk-wue.de, Internet: www.elk-wue.de

Vereinigte Evangelisch-Lutherische Kirche Deutschlands

Der Leitende Bischof: Landesbischof Gerhard **Ulrich**, Münzstraße 8–10, 19055 Schwerin, Tel.: 0385 20223-168 oder -160, Fax: 0385 20223-162, E-Mail: Landesbischof@nordkirche.de; *Stellv. Leitende Bischöfin:* Landesbischöfin Ilse **Junkermann**, Hegelstr. 1, 39104 Magdeburg, Tel.: 0391 5346-225 oder -226, Fax: 0391 5346-229, E-Mail: landesbischoefin@ekmd.de

Die Generalsynode: Präsident: Prof. Dr. Dr. h.c. Wilfried **Hartmann**, Hamburg

Bischofskonferenz der VELKD: 16 Mitglieder, den Vorsitz hat der Leitende Bischof. *Mitglieder: Vors.* Landesbischof Gerhard **Ulrich** (Schwerin); *Stell. Vors.:* Landesbischöfin Ilse **Junkermann** (Magdeburg); Bischof Dr. Hans-Jürgen **Abromeit** (Greifswald); Landesbischof Prof. Dr. Heinrich **Bedford-Strohm** (München); Landesbischof Jochen **Bohl** (Dresden); Bischöfin Kirsten **Fehrs** (Hamburg und Lübeck); Landessuperintendent Dr. Burghard **Krause** (Osnabrück); Bischof des. Gothart **Magaard** (Schleswig); Bischof Dr. Andreas **Maltzahn** (Schwerin); Landesbischof Dr. Karl-Hinrich **Manzke** (Bückeburg); OLKR Dr. Peter **Meis** (Dresden); Landesbischof Ralf **Meister** (Hannover); Landesbischof Dr. Christoph **Meyns** (Wolfenbüttel); Regionalbischof Dr. Stefan Ark **Nitsche** (Nürnberg); Vizepräsident Arend **de Vries** (Hannover); Regionalbischof Dr. Hans-Martin **Weiss** (Regensburg). *Ständige Gäste der Bischofskonferenz (ohne Stimmrecht):* Bischof Prof. Dr. Michael **Bünker**, Bischof Jan **Janssen**, Landesbischof Dr. h.c. Frank Otfried **July**, Superintendent Andreas **Lange**, Seniorin Ute **Schmidt-Theilmann**, Superintendent Christof **Schorling**

Kirchenleitung der VELKD: Amtsperiode 2009 bis 2015: *Vors.:* Landesbischof Gerhard **Ulrich** (Schwerin). *Stellv. Vors.:* Landesbischöfin Ilse **Junkermann** (Magdeburg). *Für die Bischofskonferenz:* Vizepräsident des Landeskirchenamtes Arend **de Vries** (Hannover). *Für die Generalsynode:* Präsident Prof. Dr. Dr. h.c. Wilfried **Hartmann** (Hamburg). *Weitere theologische Mitglieder:* Regionalbischof i.R. Dr. Hans **Mikosch** (Gera), OKR Helmut **Völkel** (München), Pfarrer Harald **Welge** (Braunschweig). *Weitere nichttheologische Mitglieder:* Ministerpräsident a. D. Dr. Günther **Beckstein** (Nürnberg), KRin Susanne **Böhland** (Kiel), Merle **Fromberg** (Meldorf), Präsident Sebastian H. **Geisler** (Bückeburg), Dipl.-Päd. Jürgen **Schneider** (Hermannsburg), OLKR Klaus **Schurig** (Dresden)

Amt der VELKD: Herrenhäuser Str. 12, 30419 Hannover, Postfach 21 02 20, 30402 Hannover, Tel.: 0511 2796-0, Fax: 0511 2796-182, E-Mail: zentrale@velkd.de
Leiter des Amtes: Dr. Friedrich **Hauschildt** *(Ref. I: Grundsatzfragen),* Tel.: 0511 2796-130, E-Mail: hauschildt@ velkd.de; *Stellv. Leiter des Amtes:* OKR Christian **Frehrking** *(Ref. II: Juristische Grundsatzfragen, Rechtsetzung und Generalsynode),* Tel.: 0511 2796-434, E-Mail: frehrking@velkd.de. *Ref. III: Europa (zugleich Geschäftsführer des DNK/LWB):* OKR Norbert **Denecke**, Tel.: 0511 2796-430, E-Mail: denecke@velkd.de. *Ref. IV: Mission und Entwicklung, Afrika, Asien, Pazifik, Kirche und Islam, zugleich: Geschäftsführung Hauptausschuss des DNK, stellv. Geschäftsführung des DNK/LWB:* OKRin Inken **Wöhlbrand**, Tel.: 0511 2796-428, E-Mail: woehlbrand@velkd.de. *Ref. V: Ökumenische Grundsatzfragen, Catholica, Lateinamerika, Nordamerika:* OKR Dr. Oliver **Schuegraf**, Tel. 0511 2796-426, E-Mail: schuegraf@velkd.de. *Ref. VI: Theol. Grundsatzfragen, Studienseminar Pullach:* OKRin Dr. Mareile **Lasogga**, Tel.: 0511 2796-423, E-Mail: lasogga@velkd.de. *Ref. VII: Gottesdienst, Religiöse Gemeinschaften, Kirche und Judentum, Liturgiewissenschaftl. Institut Leipzig:* OKRin Christine **Jahn**, Tel.: 0511 2796-427, E-Mail: jahn@velkd.de. *Ref. VIII: Gemeindepädagogik, Katechismen und Seelsorge, Gemeindekolleg Neuendietendorf:* OKR Dr. Georg **Raatz**, Tel.: 0511 2796-439, E-Mail: raatz@velkd.de. *Ref. X: Justiziariat, Finanzen, kirchliche Gerichte:* OKRin Elke **Sievers**, Tel.: 0511 2796-435, E-Mail: sievers@velkd.de
Pressestelle der VELKD und des DNK/LWB: *Leiter der Presse- und Öffentlichkeitsarbeit, Pressesprecher:* OKR Dr. Eberhard **Blanke**, Tel.: 0511 2796-535, E-Mail: blanke@velkd.de und pressestelle@velkd.de; *Stellv. Leiter der Presse- und Öffentlichkeitsarbeit u. Pressesprecher:* Gundolf **Holfert**, Tel.: 0511 2796-526, E-Mail: holfert@velkd.de; *Sekretariat:* Marion **Knoop-Wente**, Tel.: 0511 2796-527, E-Mail: knoop.wente@velkde.de; *Sekretariat:* Dörte **Rautmann**, Tel.: 0511 2796-421, E-Mail: rautmann@velkd.de

Catholica Beauftragter der VELKD: Landesbischof Prof. Dr. Friedrich **Weber**

Verfassungs- und Verwaltungsgericht: Präsident des Verwaltungsgerichts Dr. Bert **Schaffarzik**, Verwaltungsgericht Chemnitz, Zwickauer Str. 56, 09112 Chemnitz *Gst.:* Kirchenamtsrat Matthias Berg, Postfach 21 02 20, 30402 Hannover, Tel.: 0511 2796-432, Fax: 0511 2796-591

Gemeindekolleg der VELKD, Zinzendorfplatz 3, 99192 Neudietendorf, Tel.: 036202 7720100, Fax: 036202 7720106, E-Mail: info@gemeindekolleg.de, Internet: www.gemeindekolleg.de; *Leiter:* Prof. Dr. Reiner **Knieling**

Theologisches Studienseminar der VELKD: Bischof-Meiser-Str. 6, 82049 Pullach,
Tel.: 089 7448529-0, Fax: 089 7448529-6, E-Mail: info@theologisches-studienseminar.de,
Internet: www.theologisches-studienseminar.de; *Rektor:* PD Dr. Detlef **Dieckmann-von
Bünau**, Tel.: 089 7448529-1, E-Mail: dieckmann@theologisches-studienseminar.de;
Studienleiterin: Dr. Christina **Costanza**, Tel.: 089 7448529-3, E-Mail: costanza@theologisches-
studienseminar.de
Liturgiewissenschaftliches Institut der VELKD: Martin-Luther-Ring 3–5, 04109 Leipzig,
Tel.: 0341 9735480, Fax: 0341 9735489; E-Mail: liturgie@rz.uni-leipzig.de,
Internet: www.velkd.de/leipzig; *Leitung:* Prof. Dr. Alexander **Deeg**
Spruchkollegium der VELKD: Landesbischof Dr. Karl-Hinrich **Manzke** *(Vorsitzender)*
Gliedkirchen: Evangelisch-Lutherische Kirche in Bayern, Evangelisch-lutherische
Landeskirche in Braunschweig, Evangelisch-lutherische Landeskirche Hannovers,
Evangelische Kirche in Mitteldeutschland, Evangelisch-Lutherische Kirche in
Norddeutschland, Evangelisch-Lutherische Landeskirche Sachsens, Evangelisch-
Lutherische Landeskirche Schaumburg-Lippe

Union Evangelischer Kirchen in der Evangelischen Kirche in Deutschland (UEK)

Amt der UEK: Union Evangelischer Kirchen in der EKD (UEK), Amt der UEK,
Herrenhäuser Str. 12, 30419 Hannover, Tel.: 0511 2796-529, Fax: 0511 2796-717,
E-Mail: postfach@uek-online.de, Internet: www.uek-online.de
Leitung: Bischöfin Petra **Bosse-Huber**. *Theologischer Referent:* OKR Dr. Martin **Evang**,
Tel.: 0511 2796-530, E-Mail: Martin.Evang@ekd.de. *Publizistikreferentin:* Pfarrerin Karin
Bertheau, Tel.: 0511 2796-228, E-Mail: Karin.Bertheau@ekd.de. *Juristische Referentin:*
Julia **Lutz-Bachmann**, Tel.: 0511 2796-250, E-Mail: Julia.Lutz-Bachmann@ekd.de.
Vollkonferenz Vorsitzend). Christian **Schad**, Kirchenpräsident der Ev. Kirche Pfalz; *1.
Stellv. Vorsitzender:* Volker **Jung**, Kirchenpräsident der Ev. Kirche in Hessen und Nassau;
2. Stellv. Vorsitzende: Brigitte **Andrae**, Präsidentin des Landeskirchenamtes der Ev. Kirche
in Mitteldeutschland
Präsidium: Kirchenpräsident Joachim **Liebig**, Ev. Landeskirche Anhalts; Präsident Ulrich
Seelemann, Ev. Kirche Berlin-Brandenburg-schlesische Oberlausitz; Leiter der Kirchen-
kanzlei Dr. Johann **Noltenius**, Bremische Ev. Kirche; OKRin Dr. Susanne **Teichmanis**,
Ev. Landeskirche in Baden; Dekan Bengt **Seeberg**, Ev. Kirche von Kurhessen-Waldeck;
Landessuperintendent Dietmar **Arends**, Lippische Landeskirche; Kirchenpräsident Dr.
Martin **Heimbucher**, Ev.-reformierte Kirche; Vizepräsident Dr. Johann **Weusmann**, Ev.
Kirche im Rheinland; Präses Annette **Kurschus**, Ev. Kirche von Westfalen; Bischöfin
Petra **Bosse-Huber**, Leiterin des Amtes der UEK (Hannover)
Gastmitglieder: Bischof Dr. Hans-Jürgen **Abromeit**, Ev.-Luth. Kirche in Norddeutschland;
Bischof Jan **Janssen**, Ev.-Luth. Kirche in Oldenburg; Moderator D. Peter **Bukowski**,
Reformierter Bund; Oberkirchenrat Prof. Dr. Ulrich **Heckel**, Ev. Landeskirche in
Württemberg
Gliedkirchen der UEK: Evangelische Landeskirche Anhalts, Evangelische Landeskirche
in Baden, Evangelische Kirche Berlin-Brandenburg-schlesische Oberlausitz (EKBO),
Bremische Evangelische Kirche (BEK), Evangelische Kirche in Hessen und Nassau,
Evangelische Kirche von Kurhessen-Waldeck, Lippische Landeskirche, Evangelische
Kirche in Mitteldeutschland, Evangelische Kirche der Pfalz, Evangelisch-reformierte
Kirche, Evangelische Kirche im Rheinland, Evangelische Kirche von Westfalen
Kirchen mit Gaststatus: Ev.-Luth. Kirche in Norddeutschland, Ev.-Luth. Kirche in
Oldenburg, Evangelische Landeskirche in Württemberg, Reformierter Bund

Konföderation evangelischer Kirchen in Niedersachsen

Gst.: Oberlandeskirchenrätin Andrea **Radtke**, Rote Reihe 6, 30169 Hannover,
Tel.: 0511 1241-0, Fax: 0511 1241-776, E-Mail: Andrea.Radtke@evlka.de,
Internet: www.evangelische-konfoederation.de

2. Zusammenschlüsse

innerhalb der evangelischen Kirchen
Deutscher Evangelischer Kirchentag: *Postanschrift:* Zentrales Büro, Postfach 15 55,
 36005 Fulda, *Haus- und Paketanschrift:* Magdeburger Str. 59, 36037 Fulda,
 Tel.: 0661 96950-0, Fax: 0661 96950-90, E-Mail: fulda@kirchentag.de
Deutsches Nationalkomitee des Lutherischen Weltbundes, Herrenhäuser Str. 12,
 30419 Hannover, Tel.: 0511 2796-431, Fax: 0511 2796-182, E-Mail: info@dnk-lwb.de,
 Internet: www.dnk-lwb.de
Reformierter Bund, Knochenhauerstr. 42, 30159 Hannover, Tel.: 0511 47399374,
 Fax: 0511 47399428, E-Mail: info@reformierter-bund.de,
 Internet: www.reformierter-info.de
Reformierter Generalkonvent in Ostdeutschland im Ref. Bund, Ritterstr. 94,
 14770 Brandenburg/Havel, Tel.: 03381 200200, Fax: 03381 211943,
 E-Mail: ulrich.barniske@gmx.de

3. Landeskirchen

Gliedkirchen der Vereinigten Evangelisch-Lutherischen Kirche Deutschlands
Ev.-Luth. Kirche in Bayern, Landesbischof Prof. Dr. Heinrich **Bedford-Strohm**,
 Landeskirchenamt: Katharina-von-Bora-Str. 11–13, 80333 München, Tel.: 089 5595-0,
 Fax: 089 5595-444, E-Mail: pressestelle@elkb.de, Internet: www.bayern-evangelisch.de
Ev.-luth. Landeskirche in Braunschweig, Landesbischof Prof. Dr. Friedrich **Weber**,
 Landeskirchenamt, Dietrich-Bonhoeffer-Straße 1, 38300 Wolfenbüttel, Tel.: 05331 802-0,
 Fax: 05331 802-707, E-Mail: ips@lk-bs.de, Internet: www.landeskirche-braunschweig.de
Ev.-luth. Landeskirche Hannovers, Landesbischof Ralf **Meister**, Landeskirchenamt:
 Rote Reihe 6, 30169 Hannover, Tel.: 0511 1241-0, Fax: 0511 1241-266,
 E-Mail: landeskirchenamt@evlka.de, Internet: www.landeskirche-hannover.de
Evangelische Kirche in Mitteldeutschland, Landesbischöfin Ilse **Junkermann**,
 Landeskirchenamt am Standort Magdeburg: Am Dom 2, 39104 Magdeburg,
 Tel.: 0391 5346-0, Fax: 0391 5346-19, E-Mail: Kirchenamt.Magdeburg@ekmd.de,
 Internet: www.ekmd.de
 Landeskirchenamt am Standort Erfurt: Michaelisstr. 39, 99084 Erfurt, Tel.:0361 51800-0,
 Fax: 0361 51800-198, E-Mail: Landeskirchenamt@ekmd.de, Internet: www.ekmd.de
Evangelisch-Lutherische Kirche in Norddeutschland (Nordkirche), Landesbischof
 Gerhard **Ulrich**, Münzstr. 8–10, 19055 Schwerin, Tel.: 0385 20223-168 oder 160,
 E-Mail: info@nordkirche.de, Internet: www.nordkirche.de
Ev.-Luth. Landeskirche Sachsens, Landesbischof Jochen **Bohl**, Landeskirchenamt: Lukasstr.
 6, 01069 Dresden, Tel.: 0351 4692-0, Fax: 0351 4692-109, E-Mail: kirche@evlks.de,
 Internet: www.landeskirche-sachsen.de
Ev.-Luth. Landeskirche Schaumburg-Lippe, Landesbischof Dr. Karl-Hinrich **Manzke**,
 Landeskirchenamt: Herderstr. 27, 31675 Bückeburg, Tel.: 05722 960-0, Fax: 05722 960-
 10, E-Mail: lka@lksl.de, Internet: www.landeskirche-schaumburg-lippe.de

Weitere lutherische Kirchen:
Ev. Landeskirche in Württemberg, Landesbischof Dr. h.c. Frank Otfried **July**,
 Evangelischer Oberkirchenrat, Gänsheidestr. 4, 70184 Stuttgart, Tel.: 0711 2149-0,
 Fax: 0711 2149-9236, E-Mail: okr@elk-wue.de, Internet: www.elk-wue.de
Ev.-Luth. Kirche in Oldenburg, Bischof Jan **Janssen**, Ev.-luth. Oberkirchenrat,
 Philosophenweg 1, 26121 Oldenburg, Tel.: 0441 7701-0, Fax: 0441 7701-2199,
 E-Mail: info@kirche-oldenburg.de, Internet: www.kirche-oldenburg.de
Lippische Landeskirche, Landeskirchenamt, Landessuperintendent Dietmar **Arends**,
 Leopoldstr. 27, 32756 Detmold, Tel.: 05231 976-60, Fax: 05231 976-850,
 E-Mail: presse@lippische-landeskirche.de, Internet: www.lippische-landeskirche.de

Gliedkirchen der Union Evangelischer Kirchen:

Ev. Landeskirche Anhalts, Landeskirchenamt, Kirchenpräsident Joachim **Liebig**, Friedrichstr. 22/24, 06844 Dessau-Roßlau, Tel.: 0340 2526-0, Fax: 0340 2526-130, E-Mail: presse@kirchenanhalt.de, Internet: www.landeskirche-anhalts.de

Ev. Landeskirche in Baden, Landesbischof Prof. Dr. Jochen **Cornelius-Bundschuh**, Blumenstr. 1–7, 76133 Karlsruhe, Tel.: 0721 9175-0, Fax: 0721 9175-550, E-Mail: info@ekiba.de, Internet: www.ekiba.de

Ev. Kirche Berlin-Brandenburg-schlesische Oberlausitz (EKBO), Evangelisches Zentrum Berlin Brandenburg, Bischof Dr. Markus **Dröge**, Georgenkirchstr. 69–70, 10249 Berlin, Tel.: 030 24344-0, Fax: 030 24344-500, E-Mail: info@ekbo.de, Internet: www.ekbo.de

Bremische Ev. Kirche (BEK), Kirchenkanzlei, Schriftführer Pastor Renke **Brahms**, Franziuseck 2–4, 28199 Bremen; Tel.: 0421 5597-0, Fax: 0421 5597-265, E-Mail: kirchenkanzlei@kirche-bremen.de, Internet: www.kirche-bremen.de

Ev. Kirche in Hessen u. Nassau, Kirchenpräs. Dr. Volker **Jung**, Kirchenverwaltung, Paulusplatz 1, 64285 Darmstadt, Tel.: 06151 405-0, Fax: 06151 405-440, E-Mail: info@ekhn.de, Internet: www.ekhn.de

Ev. Kirche von Kurhessen-Waldeck, Landeskirchenamt, Bischof Prof. Dr. Martin **Hein**, Wilhelmshöher Allee 330, 34131 Kassel-Wilhelmshöhe, Tel.: 0561 9378-0, Fax: 0561 9378-400, E-Mail: landeskirchenamt@ekkw.de, Internet: www.ekkw.de

Lippische Landeskirche, Landeskirchenamt, Landessuperintendent Dietmar **Arends**, Leopoldstr. 27, 32756 Detmold, Tel.: 05231 976-60, Fax: 05231 976-850, E Mail: presse@lippische-landeskirche.de, Internet: www.lippische-landeskirche.de

Ev. Kirche der Pfalz (Protestantische Landeskirche), Landeskirchenrat, Kirchenpräs. Christian **Schad**, Domplatz 5, 67346 Speyer, Tel.: 06232 667-0, Fax: 06232 667-199, E-Mail: landeskirchenrat@evkirchepfalz.de, Internet: www.evkirchepfalz.de

Ev. reformierte Kirche, Kirchenpräsident Martin **Heimbucher**, Saarstr. 6, 26789 Leer, Tel.: 0491 9198-0, Fax: 0491 9198-251, presse@reformiert.de, Internet: www.reformiert.de

Ev. Kirche im Rheinland, Landeskirchenamt, Präses Manfred **Rekowski**, Hans-Böckler-Str. 7, 40476 Düsseldorf, Tel.: 0211 4562-0, Fax: 0211 4562-490, E-Mail: lka@ekir-lka.de, Internet: www.ekir.de

Ev. Kirche in Mitteldeutschland, Michaelisstr. 39, 99084 Erfurt, Tel.: 0361 51800-0, Fax: 0361 51800-198, E-Mail: Landeskirchenamt@ekmd.de, Internet: www.ekmd.de. Landesbischöfin Ilse **Junkermann**
Landeskirchenamt am Standort Magdeburg: Am Dom 2, 39104 Magdeburg, Tel.: 0391 5346-0, Fax: 0391 5346-111, E-Mail: Kirchenamt.Magdeburg@ekmd.de

Ev. Kirche von Westfalen, Landeskirchenamt, Präses Annette **Kurschus**, Altstädter Kirchplatz 5, 33602 Bielefeld, Tel.: 0521 594-0, Fax: 0521 594-129, E-Mail: landeskirchenamt@lka.ekvw.de, Internet: www.evangelisch-in-westfalen.de

Gastkirchen der UEK:

Evangelisch-Lutherische Kirche in Norddeutschland (Nordkirche), Münzstr. 8–10, 19055 Schwerin, Tel.: 0385 20223-168 oder 160, E-Mail: info@nordkirche. de, Internet: www.nordkirche.de

Ev.-Luth. Kirche in Oldenburg, Philosophenweg 1, 26121 Oldenburg, Tel.: 0441 7701-0, Fax: 0441 7701-2199, E-Mail: info@kirche-oldenburg.de, Internet: www.kirche-oldenburg.de

Ev. Landeskirche in Württemberg, Gänsheidestr. 4, 70184 Stuttgart, Tel.: 0711 2149-0, E-Mail: kontakt@elk-wue.de, Internet: www.elk-wue.de

Reformierter Bund, Knochenhauerstr. 42, 30159 Hannover, Tel.: 0511 47399374, Fax: 0511 47399428, E-Mail: info@reformierter-bund.de, Internet.: www.reformierter-info.de

Der Evangelischen Kirche in Deutschland angeschlossen:
Bund Evangelisch-reformierter Kirchen in Deutschland, c/o Ev.-ref. Kirche in Hamburg,
    Ferdinandstr. 21, 20095 Hamburg, Tel.: 040 301004-0, E-Mail: kanzlei@erk-hamburg.de
Ev. Brüder-Unität – Herrnhuter Brüdergemeine
    Herrnhut: Sitz der Evang. Brüder-Unität, Vogtshof, Zittauer Str. 20, 02747 Herrnhut,
    Postfach 21, 02745 Herrnhut, Tel.: 035873 487-0, Fax: 035873 487-99,
    E-Mail: info@ebu.de, Internet: www.herrnhuter.de
    Bad Boll: Unitätshaus, Badwasen 6, 73087 Bad Boll, Tel.: 07164 9421-0,
    Fax: 07164 9421-99, E-Mai: brueder-unitaet@bb.ebu.de, Internet: www.herrnhuter.de

4. Freikirchen

Vereinigung Evangelischer Freikirchen (VEF) e.V., Goltenkamp 4, 58452 Witten,
    E-Mail: buero@vef.de, Internet: www.vef.de

Zu der Vereinigung Evangelischer Freikirchen gehören:
Arbeitsgemeinschaft Mennonitischer Gemeinden in Deutschland K.d.ö.R., Stauferstr. 43,
    85051 Ingolstadt, Tel.: 0841 9008216, E-Mail: amg.frieder.boller@mennoniten.de,
    Internet: www.mennoniten.de
Bund Evangelisch-Freikirchlicher Gemeinden in Deutschland K.d.ö.R., Bundesgeschäftsstelle,
    Johann-Gerhard-Oncken-Str. 7, 14641 Wustermark-Elstal, Tel.: 033234 74-105,
    Fax: 033234 74-199, E-Mail: info@baptisten.de, Internet: www.baptisten.de
Bund Freier evangelischer Gemeinden in Deutschland K.d.ö.R., Goltenkamp 4,
    58452 Witten, Tel.: 02302 937-0, Fax: 02302 937-99, E-Mail: info@bund.feg.de,
    Internet: www.feg.de
Bund Freikirchlicher Pfingstgemeinden K.d.ö.R., Industriestr. 6–8, 64390 Erzhausen,
    Postfach 11 64, 64386 Erzhausen, Tel.: 06150 9737-0, Fax: 06150 9737-97,
    E-Mail: info@bfp.de, Internet: www.bfp.de
Evangelisch-methodistische Kirche K.d.ö.R., Ludolfusstr. 2–4, 60487 Frankfurt a.M.,
    Tel.: 069 242521-0, Fax: 069 242521-129, E-Mail: bischoefin@emk.de,
    Internet: www.emk.de
Die Heilsarmee in Deutschland K.d.ö.R., Nationales Hauptquartier, Salierring 23–27,
    50677 Köln, Tel.: 0221 20819-0, Fax: 0221 20819-899, E-Mail: info@heilsarmec.de,
    Internet: www.heilsarmee.de
Kirche des Nazareners, Deutscher Bezirk e.V., Frankfurter Str. 16–18, 63571 Gelnhausen,
    Tel.: 06051 473328, Fax: 06051 473358, E-Mail: bezirk@nazarener.de,
    Internet: www.nazarener.de
Mülheimer Verband Freikirchlich-Evangelischer Gemeinden e.V., Habenhauser
    Dorfstr. 27–31, 28279 Bremen, Tel.: 0421 8399130, Fax: 0421 8399136,
    E-Mail: mv-bremen@t-online.de, Internet: muelheimer-verband.de
Gemeinde Gottes in Deutschland KdöR, Schurwaldstr. 10, 73660 Urbach, Postfach 12 20,
    73657 Urbach, Tel.: 07181 9875-0, Fax: 07181 9875-20, E-Mail: info@gemeindegottes.de,
    Internet: www.GemeindeGottes.de
Freikirchlicher Bund der Gemeinde Gottes e.V., Torstraße 1, 22525 Hamburg, E-Mail:
    info@fbgg.de; Internet: www.fbgg.de

Als Gäste:
Anskar-Kirche Deutschland e.V., Vogelweide 10, 22081 Hamburg, Tel.: 040 320240,
    Fax: 040 32024-290, E-Mail: info@anskar.de, Internet: www.anskar.de
Ev. Brüder-Unität KdöR, Herrnhuter Brüdergemeine
    Herrnhut: Sitz der Evang. Brüder-Unität, Vogtshof, Zittauer Str. 20, 02747 Herrnhut,
    Postfach 21, 02745 Herrnhut, Tel.: 035873 487-0, Fax: 035873 487-99,
    E-Mail: info@ebu.de, Internet: www.herrnhuter.de
    Bad Boll: Unitätshaus, Badwasen 6, 73087 Bad Boll, Tel.: 07164 9421-0,
    Fax: 07164 9421-99, E-Mai: brueder-unitaet@bb.ebu.de, Internet: www.herrnhuter.de

Foursquare Deutschland e.V. (Freik. Ev. Gemeindewerk in Deutschland – fegw),
Euckenstr. 30, 65929 Frankfurt a.M., Tel.: 069 25534546, Fax: 0321 212 49559,
E-Mail: office@fegw.de, Internet: www.foursquare-deutschland.de
Freikirche der Siebenten-Tags-Adventisten in Deutschland K.d.ö.R.,
Hildesheimer Str. 426, 30519 Hannover, Tel.: 0511 97177-100, Fax: 0511 97177-199,
E-Mail: info@adventisten.de, Internet: www.adventisten.de

Lutherische Freikirchen:
Ev.-Luth. Kirche in Baden, Stadtstr. 22, 79104 Freiburg, Tel.: 0761 36723, Fax: 0761 383023,
E-Mail: freiburg@elkib.de, Internet: www.elkib.de
Selbständige Evangelisch-Lutherische Kirche (SELK), Schopenhauerstr. 7, 30625 Hannover;
Postfach 69 04 07, 30613 Hannover, Tel.: 0511 557808, Fax: 0511 551588,
E-Mail: selk@selk.de, Internet: www.selk.de (Konto: Deutsche Bank Hannover,
IBAN DE47250700240444444400, BIC DEUTDEDBHAN

5. Frauen-, Männer-, Jugend- und Familienarbeit

Frauenarbeit

Arbeitsgemeinschaft der Frauenreferate/Gleichstellungsstellen in den Gliedkirchen der EKD,
Kirchenamt der EKD, Herrenhäuser Str. 12, 30419 Hannover, Tel.: 0511 2796-441,
Fax: 0511 2796-99441, E-Mail: Referat-fuer-Chancengerechtigkeit@ekd.de,
Internet: www.ekd.de./chancengerechtigkeit/frauen.html
Deutscher Evangelischer Frauenbund e.V., Bundesverband, Im Haus der Südstadt-
Kirchengemeinde, Bodenstedtstr. 6, 30173 Hannover, Tel.: 0511 3537923, Fax: 0511
56374976, E-Mail: info@evangelische-frauen.eu, Internet: def-bundesverband.de
Evangelische Frauen in Deutschland e.V., Berliner Allee 9–11, 30175 Hannover,
Tel.: 0511 89768-0 Fax: 0511 89768-199, E-Mail: info@evangelischefrauen-
deutschland.de, Internet: www.evangelischefrauen-deutschland.de
Studienzentrum für Genderfragen in Kirche und Theologie der EKD, Arnswaldtstr. 6, 30159
Hannover, Tel.: 0511 554741-34, E-Mail: info@sfg.ekd.de, Internet: www.fsbz.de

Männerarbeit

Männerarbeit der EKD, Hauptgeschäftsstelle, Berliner Allee 9–11, 30175 Hannover,
Tel.: 0511 89768200, E-Mail: info@maennerarbeit-ekd.de, Internet: maennerarbeit-
ekd.de

Arbeit in der Bundeswehr, der Bundespolizei und der Polizei

Evangelische Arbeitsgemeinschaft für Kriegsdienstverweigerung und Frieden (EAK),
Bundesgeschäftsstelle, Endenicher Str. 41, 53115 Bonn, Tel.: 0228 24999-0, Fax: 0228
24999-20, E-Mail: office@eak-online.de, Internet: www.eak-online.de (Spenden für den
Friedrich Siegmund-Schultze Förderpreis für gewaltfreies Handeln: Sonderkonto EAK,
Sparkasse Bremen, Kto.Nr. 1 106 566, BLZ 290 501 01)

Militärseelsorge:
Evangelischer Militärbischof Dr. Sigurd **Rink**, Jebensstr. 3, 10623 Berlin,
Tel.: 030 310181-103, Fax: 030 31001-2070, E-Mail: heike.stenzel@hesb.de,
Internet: www.militaerseelsorge.de
Evangelisches Kirchenamt für die Bundeswehr, Jebensstr. 3, 10623 Berlin,
Tel.: 030 310181-0, Fax: 030 310181-105, E-Mail: militaerseelsorge@ekd.de,
Internet: www.militärseelsorge.bundeswehr.de. – hier auch die Adressen der Standorte

Bundespolizeiseelsorge:
Der Beauftragte des Rates der EKD für die Evangelische Seelsorge in der Bundespolizei
  Landesbischof Dr. Karl-Hinrich **Manzke**, Herderstr. 27, 31675 Bückeburg,
  Tel.: 05722 96017, Fax: 05722 96028, E-Mail: landesbischof@lksl.de,
  Internet: www.bundespolizei-seelsorge-evangelisch.de
Der Evangelische Dekan der Bundespolizei, Dekan Dr. Helmut **Blanke**, Bundespolizei-
  präsidium, Heinrich-Mann-Allee 103, 14473 Potsdam, Tel.: 0331 97997-9840,
  Fax: 0331 97997-9841, E-Mail: bpolp.ev-dekan.potsdam@polizei.bund.de,
  Internet: www.bundespolizei-seelsorge-evangelisch.de

Polizeiseelsorge:
Konferenz Ev. Polizeipfarrerinnen u. Polizeipfarrer (KEPP), (*Vors.:*) Pastor Uwe **Köster**,
  Domsheide 2, 28195 Bremen, Tel.: 0421 2442890, Fax: 0421 2442891,
  E-Mail: polizeiseelsorge@kirche-bremen.de
Lehrbeauftragter des Rates der EKD für Berufsethik an der Deutschen Hochschule der
  Polizei (DHPol), Landespfarrer Werner **Schiewek**, Zum Roten Berge 18–24,
  48165 Münster, Tel.: 02501 806-364/431, Fax: 02501 806-307,
  E-Mail: werner.schiewek@dhpol.de, Internet: www.ekd.de

Arbeitnehmer-, Unternehmer- und Akademikerarbeit

Arbeitsgemeinschaft Handwerk und Kirche (AHK) im KWA;
  Kontakt: Bundesvorsitzender Horst **Eggers**, Handwerkskammer für Oberfranken,
  Kerschensteinerstr. 7, 95448 Bayreuth, Tel.: 0921 910-110, E-Mail: h.eggers@kwa-ekd.de,
  Internet: www.ahk-ekd.de
Arbeitskreis Ev. Unternehmer in Deutschland e.V. (AEU), Karlstr. 84, 76137 Karlsruhe,
  Tel.: 0721 352370, Fax: 0721 352377, E-Mail: info@aeu-online.de,
  Internet: www.aeu-online.de
Bund Evangelischer Arbeitnehmer (BEA) im KWA; *Kontakt:* Bundesvorsitzender Bernhard
  Dausend, Rödenhof 11, 86633 Neuburg an der Donau, Tel.: 08431 56141,
  E-Mail: b.dausend@kwa-ekd.de, Internet: www.bea-ekd.de
Ev. Akademikerschaft in Deutschland (EAiD) e.V., Friedrichstr. 21, 71665 Vaihingen/Enz, E-
  Mail: evangakadid@t-online.de, Internet: www.ev-akademiker.de (Konto: DE03 5206
  0410 0000 8002 01 BIC GENODEF1EK1)
Ev. StudentInnengemeinde in der Bundesrepublik Deutschland (ESG), Otto-Brenner-Str. 9,
  30159 Hannover, Tel.: 0511 1215-0, Fax: 0511 1215-299, E-Mail: esg@bundes-esg.de,
  Internet: www.bundes-esg.de
Ev. Verband Kirche-Wirtschaft-Arbeitswelt e.V. (KWA), Arnswaldtstr. 6, 30159 Hannover,
  Tel.: 0511 473877-0, Fax: 0511 473877-18; *Kontakt:* Geschäftsführer Dr. Axel **Braßler**,
  E-Mail: a.brassler@kwa-ekd.de, Internet: www.kwa-ekd.de
Kirchlicher Dienst in der Arbeitswelt (KDA) im KWA; *Kontakt:* Bundesvorsitzender
  Peter **Janowski**, Melsunger Str. 10, 60389 Frankfurt, Tel.: 069 94741630,
  E-Mail: p.janowski@kwa-ekd.de, Internet: www.kda-ekd.de
Studentenmission in Deutschland (SMD) e.V., Universitätsstr. 30–32, 35037 Marburg,
  Tel.: 06421 9105-0, Fax: 06421 9105-27, E-Mail: info@smd.org, Internet: www.smd.org
  (Konto: EKK Kassel, Kto. 800 457, BLZ 520 604 10)

Jugendarbeit

Arbeitsgemeinschaft der Ev. Jugend in Deutschland e.V. (aej), Otto-Brenner-Str. 9,
  30159 Hannover, Tel.: 0511 1215-0, Fax: 0511 1215-299, E-Mail: info@evangelische-
  jugend.de, Internet: www.evangelische-jugend.de
Arbeitsgemeinschaft Ev. Schülerinnen- u. Schülerarbeit (aes), Otto-Brenner-Str. 9,
  30159 Hannover, Tel.: 0511 1215-140, Fax: 0511 1215-240,
  E-Mail: aes@aej-online.de, Internet: www.aes-bund.de

MBK – Evangelisches Jugend- und Missionswerk e.V., Hermann Löns-Str. 9a,
  32105 Bad Salzuflen, Tel.: 05222 1805-0, Fax: 05222 1805-27,
  E-Mail: info@mbk-web.de, Internet: www.mbk-web.de
Burckhardthaus – Ev. Inst. für Jugend-, Kultur- u. Sozialarbeit e.V., Herzbachweg 2,
  63571 Gelnhausen, Tel.: 06051 89-225, Fax: 06051 89-240,
  E-Mail: info@burckhardthaus.de, Internet: www.burckhardthaus.de
CVJM-Gesamtverband in Deutschland e.V., Postfach 41 01 54, 34063 Kassel, Im Druseltal 8,
  34131 Kassel, Tel.: 0561 3087-0, Fax: 0561 3087-270, E-Mail: info@cvjm.de,
  Internet: www.cvjm.de (Konto: EKK Kassel, IBAN: DE05 5206 0410 0000 0053 47)
Deutscher Jugendverband „Entschieden für Christus" (EC) e.V., Leuschnerstr. 74,
  34134 Kassel, Tel.: 0561 4095-0, Fax: 0561 4095-112, E-Mail: kontakt@ec-jugend.de,
  Internet: www.ec-jugend.de
Gesamtverband für Kindergottesdienst in der EKD e.V., Schreiberstr. 12, 48149 Münster,
  Tel.: 0251 98101-33, E-Mail: geschaeftsstelle@kindergottesdienst-ekd.de,
  Internet: www.kindergottesdienst-ekd.de
netzwerk-m e.V., Druseltalstr. 125, 34131 Kassel, Tel.: 0561 93875-0, Fax: 0561 93875-20,
  E-Mail: info@netzwerk-m.de, Internet: www.netzwerk-m.de
  (Konto: EKK Kassel, IBAN: DE65 5206 0410 0000 0012 60, BIC: GENODEF 1EK1)
Ökum. Kreuzweg der Jugend, Koordination bei Jugendhaus Düsseldorf e.V.: Carl-Mosterts-
  Platz 1, 40477 Düsseldorf, Tel.: 0211 484766-20, E-Mail: glaubensbildung@afj.de,
  Internet: www.jugendhaus-duesseldorf.de
Studentenmission in Deutschland (SMD) e.V. – Schüler-SMD, Postfach 20 05 54,
  35017 Marburg, Tel.: 06421 9105-20, Fax: 06421 9105-27, E-Mail: schueler@smd.org,
  Internet: www.smd.org
Verband Christlicher Pfadfinderinnen u. Pfadfinder (VCP) e.V., Bundeszentrale
  Wichernweg 2, 34131 Kassel, Tel.: 0561 78437-0, Fax: 0561 78437-40,
  E-Mail: info@vcp.de, Internet: www.vcp.de
Verein für Internationale Jugendarbeit, Bundesgeschäftsstelle, Urbanstr. 44, 70182 Stuttgart,
  Tel.: 0711 518858-75, E-Mail: office@vij.de, Internet: www.vij.de / www.au-pair-vij.org

Familienarbeit

Evangelische Aktionsgemeinschaft für Familienfragen e.V., Auguststr. 80, 10117 Berlin,
  Tel.: 030 28395-400, Fax: 030 28395-450, E-Mail: info@eaf-bund.de,
  Internet: www.eaf-bund.de
Evangelischer Fachverband für Frauengesundheit e.V. (EVA), Caroline-Michaelis-Str. 1,
  10115 Berlin, Tel.: 030 84418641, Fax: 030 84418654,
  E-Mail: info@eva-frauengesundheit.de, Internet: www.eva-frauengesundheit.de
Evangelische Konferenz für Familien- u. Lebensberatung e.V., Fachverband für
  Psychologische Beratung u. Supervision, Dietrich-Bonhoeffer-Haus, Ziegelstr. 30,
  10117 Berlin, Tel.: 030 5213559-39, Fax: 030 5213559-11, E-Mail: info@ekful.de,
  Internet: www.ekful.de oder www.evangelische-beratung.info
Evangelisches Zentralinstitut für Familienberatung gGmbH, Auguststr. 80, 10117 Berlin,
  Tel.: 030 28395-200, Fax: 030 28395-222, E-Mail: ezi@ezi-berlin.de,
  Internet: www.ezi-berlin.de

Altenarbeit

Evangelische Arbeitsgemeinschaft für Altenarbeit in der EKD (EAfA), Herrenhäuser Str. 12,
  30419 Hannover, Tel.: 0511 2796-205, E-Mail: mailto:eafa@ekd.de,
  Internet: www.ekd.de/eafa

6. Diakonische Arbeit

Evangelisches Werk für Diakonie und Entwicklung e.V.

Dienststelle:
- Berlin: Caroline-Michaelis-Str. 1, 10115 Berlin, Tel.: 030 65211-0, Fax: 030 65211-3333, E-Mail: diakonie@diakonie.de, Internet: www.diakonie.de
- Brüssel: Diakonisches Werk der EKD e.V., EU-Vertretung, Rue Joseph II, 166, B - 1000 Brüssel, Tel.: 0032 2 28210-40, Fax: 0032 2 28210-49, E-Mail: eu-vertretung@diakonie.de, Internet: www.diakonie.de

Vertrieb: Evangelisches Werk für Diakonie und Entwicklung e.V., Zentraler Vertrieb, Karlsruher Str. 11, 70771 Echterdingen, Tel.: 0711 2159-777, Fax: 0711 79775-02, E-Mail: vertrieb@diakonie.de, Internet: www.diakonie.de

Für die Freikirchen: Diakonische Arbeitsgemeinschaft evangelischer Kirchen, Caroline-Michaelis-Str. 1, 10115 Berlin, Tel.: 030 65211-1775, Fax: 030 65211-3775, E-Mail: mail@daek.de, Internet: www.daek.de

Männliche und weibliche Diakonie

v. Bodelschwinghsche Stiftungen Bethel:
- *v. Bodelschwinghsche Stiftungen Bethel*, Königsweg 1, 33617 Bielefeld, Tel.: 0521 144-00, E-Mail: presse@bethel.de, Internet: www.bethel.de (Konto: Spk. Bielefeld, Kto. 4 077, BLZ 480 501 61)
- *Schwesternschaft und Stiftung Sarepta*, Mutterhaus, Am Zionswald 5, 33617 Bielefeld, Tel.: 0521 144-2201, Fax: 0521 144-5482, Internet: www.sarepta.de. – *Stiftung Sarepta:* Nazarethweg 5, 33617 Bielefeld, Tel.: 0521 144-4116, Fax: 0521 144-2213, Internet: www.sarepta-nazareth.de. – *Haus der Stille:* Am Zionswald 5, 33617 Bielefeld, Tel.: 0521 144-2520, Fax: 0521 144-5482, Internet: www.haus-der-stille-bethel.de. – *Alice-Salomon-Haus:* Bethesdaweg 8, 33617 Bielefeld, Tel.: 0521 144-2485, Fax: 0521 144-5582, Internet: www.alice-salomon-haus.de. – *Fachseminar für Altenpflege:* Nazarethweg 7, 33617 Bielefeld, Tel.: 0521 144-2530, Fax: 0521 144-5741, Internet: www.fachseminar-altenpflege-bethel.de. – *Bethel ambulant:* Deckertstraße 81, 33617 Bielefeld, Tel.: 0800 2628526, Fax: 0521 55775619, Internet: www.bethel-ambulant.de
- *Stiftung Nazareth:* Nazarethweg 5–7, 33617 Bielefeld, Tel.: 0521 144-2229, Fax: 0521 144-2213, Internet: www.nazareth.de. – *Ev. Bildungsstätte für Diakonie und Gemeinde:* Nazarethweg 7, 33617 Bielefeld, Tel.: 0521 144-4110, Fax: 0521 144-5741, Internet: www.diakon-in.de. – *Tagungszentrum Bethel:* Nazarethweg 5, 33617 Bielefeld, Tel.: 0521 144-4103, Fax: 0521 144-4477, Internet: www.tagungszentrum-bethel.de. – *Altenhilfe Bethel:* Tel.: 0800 2583644, Fax: 0521 144-5487, Internet: www.altenhilfe-bethel.de

Bund Deutscher Gemeinschafts-Diakonissen-Mutterhäuser, Hildesheimer Str. 8, 37581 Bad Gandersheim, Tel.: 05382 706-0, Fax: 05382 706-101, E-Mail: salem@dmh-salem.de

Deutscher Gemeinschafts-Diakonieverband e.V. u. GmbH, Stresemannstr. 22, 35037 Marburg, Tel.: 06421 188-0, Fax: 06421 188-201, E-Mail: direktion@dgd.org, Internet: www.dgd.org

Ev. Diakonieverein Berlin Zehlendorf e.V. / Schwesternschaft des Ev. Diakonievereins, Glockenstr. 8, 14163 Berlin, Tel.: 030 8099700, Fax: 030 8022452, E-Mail: info@ev-diakonieverein.de, Internet: www.diakonieverein.de

Ev. Fach- und Berufsverband für Pflege und Gesundheit e.V., Postfach 2401, 65014 Wiesbaden, Tel.: 0611 1860-186, Fax: 0611 1860-187, E-Mail: info@efaks.de, Internet: www.efaks.de

Hephata Hessisches Diakoniezentrum e.V., Sachsenhäuser Str. 24, 34613 Schwalmstadt-Treysa, Tel.: 06691 181316, Fax: 06691 181389, E-Mail:info@hephata.com, Internet: www.hephata.de

Johanniterorden, Finckensteinallee 111, 12205 Berlin, Tel.: 030 230997-0, Fax: 030 2309970-419, E-Mail: info@johanniterorden.de, Internet: www.johanniter.de

Kaiserswerther Verband deutscher Diakonissen-Mutterhäuser e.V., Landhausstr. 10,
10717 Berlin, Tel.: 030 86424170, Fax: 030 86424169,
E-Mail: verband@kaiserswerther-verband.de, Internet: www.kaiserswerther-verband.de
Konferenz der Leiter u. Leiterinnen der ev. Diakonenanstalten (KLD), *Vors.:* Pfarrer Frieder
Grau, Stiftung Karlshöhe Ludwigsburg, Auf der Karlshöhe 3, 71638 Ludwigsburg,
Tel.: 07141 965-100, Fax: 07141 965-199, E-Mail: frieder.grau@karlshoehe.de
Stellv. Vors.: Pastor Dr. Friedemann **Green**, Stiftung Das Rauhe Haus,
Beim Rauhen Hause 21, 22111 Hamburg, Tel.: 040 65591-100, Fax: 040 65591-102,
E-Mail: fgreen@rauheshaus.de
Stiftung Das Rauhe Haus, Beim Rauhen Hause 21, 22111 Hamburg,
Tel.: 040 65591-170, Fax: 040 65591-372, E-Mail: diakonenbuero@rauheshaus.de,
Internet: www.rauheshaus.de/stiftung/brueder-undschwesternschaft
Verband Ev. Diakonen-, Diakoninnen u. Diakonatsgemeinschaften in Deutschland e.V.
(VEDD), Glockenstr. 8, 14163 Berlin, Tel.: 030 80108404, Fax: 030 80108406,
E-Mail: vedd@vedd.de, Internet: www.vedd.de
Zehlendorfer Verband für Evangelische Diakonie e.V., Freiligrathstr. 8, 64285 Darmstadt,
Tel.: 06151 602821, Fax: 06151 602838, E-Mail: info@zehlendorfer-verband.de,
Internet: www.zehlendorfer-verband.de

Hilfe für Kranke, Alte und Menschen mit Behinderungen

Bundesverband ev. Behindertenhilfe e.V. (BeB), Invalidenstr. 29, 10115 Berlin,
Tel.: 030 83001-270, Fax: 030 83001-275, E-Mail: info@beb-ev.de,
Internet: www.beb-ev.de
Dachverband der ev. Blinden- u. ev. Sehbehindertenseelsorge (DeBeSS), Ständeplatz 18,
34117 Kassel, Tel.: 0561 72987161, Fax: 0561 7394052,
E-Mail: buero@debess.de, Internet: www.debess.de
Deutsche Arbeitsgemeinschaft für Ev. Gehörlosenseelsorge (DAFEG) e.V., Ständeplatz 18,
34117 Kassel, Tel.: 0561 73940-51, Fax: 0561 73940-52, E-Mail: info@dafeg.de,
Internet: www.dafeg.de
Deutscher Ev. Verband für Altenarbeit und Pflege e.V. (DEVAP), Invalidenstr. 29,
10115 Berlin, Tel.: 030 83001-277, Fax: 030 83001-25277, E-Mail: info@devap.de,
Internet: www.devap.de
Ev. Schwerhörigenseelsorge in Deutschland e.V. (ESiD), Ständeplatz 18, 34117 Kassel,
Tel.: 0561 2861814, Fax: 0561 7394052, E-Mail: buero@schwerhoerigenseelsorge.de,
Internet: www.schwerhoerigenseelsorge.de
Ev. Seniorenwerk e.V., Bundesverband; Geschäftsstelle: Diakonisches Werk DWBO,
Paulsenstr. 55/56, 12163 Berlin, (Postfach 332014, 14180 Berlin); *Vors.:* Elimar Brandt,
Gaudystr. 24, 10437 Berlin, E-Mail: eb@elimar-brandt.de, www.evangelisches-
seniorenwerk.de

Hilfe für Kinder und Jugendliche

Bundesvereinigung Ev. Tageseinrichtungen für Kinder e.V., Caroline-Michaelis-Str. 1,
10115 Berlin, Tel.: 030 65211-1717, Fax: 030 65211-3717, E-Mail: mail@beta-
diakonie.de, Internet: www.beta-diakonie.de
Ev. Erziehungsverband e.V. (EREV), Flüggestr. 21, 30161 Hannover, Tel.: 0511 390881-0,
Fax: 0511 390881-16, E-Mail: info@erev.de, Internet: www.erev.de

Hilfe für Gefährdete

Blaues Kreuz in Deutschland e.V., Schubertstr. 41, 42289 Wuppertal, Tel.: 0202 62003-0,
Fax: 0202 62003-81, E-Mail: bkd@blaues-kreuz.de, Internet: www.blaues-kreuz.de
Blaues Kreuz Diakoniewerk mildtätige GmbH, Schubertstr. 41, 42289 Wuppertal,
Tel.: 0202 62003-30, Fax: 0202 62003-99, E-Mail: m.busch@blaues-kreuz-diakonie-
werk.de, Internet: www.blaues-kreuz-diakoniewerk.de

Ev. Konferenz für Straffälligenhilfe (EKS), Caroline-Michaelis-Str. 1, 10115 Berlin,
    Tel.: 0351 8315-164, Fax: 0351 8315-3164, E-Mail: straffaelligenhilfe@diakonie.de,
    Internet: www.diakonie.de
GVS Gesamtverband für Suchthilfe e.V., Fachverband der Diakonie Deutschland,
    Invalidenstr. 29, 10115 Berlin-Mitte, Tel.: 030 83001 500, Fax: 030 83001 505,
    E-Mail: gvs@sucht.org, Internet:www.sucht.org
Ev. Konferenz für Gefängnisseelsorge in Deutschland, Herrenhäuser Str. 12,
    30419 Hannover, Tel.: 0511 2796-406, E-Mail: kontakt@gefaengnisseelsorge.de,
    Internet: www.gefaengnisseelsorge.de
Schwarzes Kreuz, Christl. Straffälligenhilfe e.V., Jägerstr. 25a, 29221 Celle,
    Tel.: 05141 94616-0, Fax: 05141 94616-26, E-Mail: info@schwarzes-kreuz.de,
    Internet: www.schwarzes-kreuz.de (Konto: Ev. Kreditgenossenschaft,
    IBAN: DE83 5206 0410 0000 6002 02, BIC: GENODEF1EK1)
Weißes Kreuz e.V. – Sexualethik u. Seelsorge, Weißes-Kreuz-Str. 3, 34292 Ahnatal,
    Tel.: 05609 8399-0, Fax: 05609 8399-22, E-Mail: info@weisses-kreuz.de,
    Internet: www.weisses-kreuz.de

Hilfe für Menschen unterwegs, Ausländer- u. Einwandererfragen

Deutsche Seemannsmission e.V., Jippen 1, 28195 Bremen, Tel.: 0421 17363-0,
    Fax: 0421 17363-23, E-Mail: headoffice@seemannsmission.org,
    Internet: www.seemannsmission.org
Ev. Auslandsberatung für Auswanderer, Auslandstätige u. Ausländer-Ehen e.V.,
    Rautenbergstr. 11, IV., 20099 Hamburg, Tel.: 040 244836, Fax: 040 244809,
    E-Mail: info@ev-auslandsberatung.de, Internet: www.ev-auslandsberatung.de
Ev. Circus- und Schaustellerseelsorge, Geschäftsstelle im Kirchenamt der EKD,
    Herrenhäuser Str. 12, 30419 Hannover, Tel.: 0511 2796-205, Fax: 0511 2796-722,
    E-Mail: csseelsorge@ekd.de, Internet: www.ekd.de/circus
Ev. Obdachlosenhilfe in Deutschland e.V., Caroline-Michaelis-Str. 1, 10115 Berlin,
    Tel.: 030 65211-1652, Fax: 030 65211-3652, E-Mail: wohnungslose@diakonie.de,
    Internet: www.evangelische-obdachlosenhilfe.de
Internationales Hilfswerk für Zigeuner e.V., Postfach 41 04 10, 76204 Karlsruhe,
    Tel.: 06341 34377, Fax: 06341 34366, E-Mail: Gerhard.Heinzman@t-online.de
    (i.h.z@web.de), Internet: www.zigeunermission.org
Verband der Deutschen Ev. Bahnhofsmission, S-Bahnhof Jannowitzbrücke, Bogen 14,
    10179 Berlin, Tel.: 030 6449199-60, Fax: 030 6449199-67,
    E-Mail: bundesgeschaeftsstelle@bahnhofsmission.de, Internet: www.bahnhofsmission.de
Verband der ev. Binnenschiffergemeinden in Deutschland, Caroline-Michaelis-Str. 1,
    10115 Berlin, Tel.: 030 65211-0, Fax: 030 65211-333,
    E-Mail: seelsorgeverbaende@diakonie.de

Hilfe für Vertriebene, Umsiedler und Deutsche in Osteuropa

Konvent der ehemaligen ev. Ostkirchen e.V.
    Gst.: Manuela Barbknecht, Herrenhäuser Str. 12, 30419 Hannover,
    Tel.: 0511 2796-136, Fax: 0511 2796-725, E-Mail: manuela.barbknecht@ekd.de,
    Internet: www.ev-ostkirchen.de
    Kontakt: Vors.: Pfarrer Christfried Boelter, Cumbacher Str. 12, 99880 Waltershausen,
    Tel.: 03622 905821, E-Mail: ch.boelter@t-online.de; *stellv. Vors.:* Pastor i. R. Dr. Hans-
    Henning Neß, Luxemburgstr. 1, 37079 Göttingen, Tel.: 0511 68141,
    E-Mail: HansHNess@aol.com

Auslands- und Entwicklungshilfe

Ausbildungshilfe – Christian Education Fund e.V., Wilhelmshöher Allee 330, 34131 Kassel,
  Tel.: 0561 9378-380, Fax: 0561 9378-417, E-Mail: ausbildungshilfe@ekkw.de,
  Internet: www. ausbildungshilfe.de
  (Konto: Ev. Kreditgenossenschaft, Kto. 3 077, BLZ 520 604 10)
Brot für die Welt – Evangelischer Entwicklungsdienst, Evangelisches Werk für Diakonie
  und Entwicklung e.V., Caroline-Michaelis-Str. 1, 10115 Berlin, Tel.: 030 65211-0,
  Fax: 030 65211-3333, E-Mail: kontakt@brot-fuer-die-welt.de,
  Internet: www.brot-fuer-die-welt.de
Diakonie Katastrophenhilfe, Evangelisches Werk für Diakonie und Entwicklung e.V.,
  Caroline-Michaelis-Str. 1, 10115 Berlin, Tel.: 030 652110, E-Mail: kontakt@diakonie-
  katastrophenhilfe.de, Internet: www.diakonie-katastrophenhilfe.de
  (Konto: Postbank Stuttgart, Kto. 502 707, BLZ 600 100 70)
Kindernothilfe e.V. (Christl. Kinderhilfswerk, das in unterschiedl. Programmen Kinder u.
  Jugendliche in Afrika, Asien, Lateinamerika u. Osteuropa unterstützt), Düsseldorfer
  Landstr. 180, 47249 Duisburg, Tel.: 0203 7789-0, Fax: 0203 7789-118,
  E-Mail: info@kindernothilfe.de, Internet: www.kindernothilfe.de
  (Konto: KD-Bank Duisburg eG, Kto. 454 540, BLZ 350 601 90)
Oikocredit International (Ökumenische Entwicklungsgenossenschaft), Berkenweg 7,
  3818 LA Amersfoort, Niederlande, Tel.: 0031 33 4224040, Fax: 0031 33 4650336,
  E-Mail: info@oikocredit.org, Internet: www.oikocredit.org
  Geschäftsstelle Deutschland: Berger Str. 211, 60385 Frankfurt a.M., Tel.: 069 21038110,
  Fax: 069 21038112, E-Mail: info@oikocredit.de
  Oikocredit Förderkreis Baden-Württemberg e.V., Vogelsangstr. 62, 70197 Stuttgart,
  Tel.: 0711 120005-0, Fax: 0711 12000522, E-Mail: baden-wuerttemberg@oikocredit.de
  Oikocredit Förderkreis Bayern e.V., Hallplatz 15–19, D-90402 Nürnberg,
  Tel.: 0911 3769000, Fax: 0911 3769002, E-Mail: bayern@oikocredit.de
  Oikocredit Förderkreis Hessen-Pfalz e.V., Berger Str. 211, 60385 Frankfurt a.M.,
  Tel.: 069 74221801, Fax: 069 21083112, E-Mail: hessen-pfalz@oikocredit.de
  Oikocredit Förderkreis Mitteldeutschland e.V., Leibnizstr. 4, 39104 Magdeburg,
  Tel.: 0391 597770-36, Fax: 0391 597770-38, E-Mail: mitteldeutschland@oikocredit.de
  Oikocredit Förderkreis Niedersachsen-Bremen e.V., Goslarsche Str. 93, 38118 Braunschweig,
  Tel.: 0531 2615586, Fax: 0531 2615588, E-Mail: niedersachsen-bremen@oikocredit.de
  Oikocredit Förderkreis Norddeutschland e.V., Königstr. 54, 22767 Hamburg,
  Tel.: 040 306201460, Fax: 040 306201461, E-Mail: norddeutschland@oikocredit.de
  Oikocredit Förderkreis Nordost e.V., Sonnenallee 315, 12057 Berlin,
  Tel./Fax: 030 68057151, E-Mail: nordost@oikocredit.de
  Oikocredit Westdeutscher Förderkreis e.V., Adenauerallee 37, 53113 Bonn,
  Tel.: 0228 6880280, Fax: 0228 68809280, E-Mail: westdeutsch@oikocredit.de

Berufsverbände und Ausbildungsstätten

Bundesverband ev. Ausbildungsstätten für Sozialpädagogik, Caroline-Michaelis-Str. 1,
  10115 Berlin, Tel.: 030 65211 1673, Fax: 030 65211 3573, E-Mail: bea@diakonie.de,
  Internet:www.beaonline.de
Ev. Gesellschaft für Ost-West-Begegnung e.V. (EGB), Auf dem Hagen 23, 37079 Göttingen,
  Tel.: 0551 4997538, Fax: 0551 4997560, E-Mail: mail@egb-info.de, Internet: www.egb-
  info.de (Konto: EKK Hannover, DE10 5206 0410 0000 6168 42)
Evangelisches Predigerseminar, Gesundbrunnen 10, 34369 Hofgeismar, Tel.: 05671 881-271,
  E-Mail: predigerseminar@ekkw.de, Internet: www.predigerseminar-hofgeismar.de
Internationale Konferenz theologischer Mitarbeiterinnen u. Mitarbeiter in der Diakonie e.V.,
  Vorstandsvors.: Pfarrer Dr. Martin Zentgraf, c/o HDV-Zentrale, Freiligrathstr. 8,
  64285 Darmstadt, Tel.: 06151 602821, Fax: 06151 602838, E-Mail: martin.zentgraf@hdv-
  darmstadt.de, www.internationale-konferenz-diakonie.de

7. Missionarische Dienste

Arbeitsgemeinschaft ev. Stadtmissionen, Stafflenbergstr. 76, 70184 Stuttgart,
Tel.: 0711 2159-305, Fax: 0711 2159-569, E-Mail: seelsorgeverbaende@diakonie.de,
Internet: www.stadtmissionen.de

Arbeitsgemeinschaft Missionarische Dienste (AMD), Caroline-Michaelis-Str. 1, 10115 Berlin,
Tel.: 030 65211-1862, Fax: 030 65211-3862, E-Mail: amd@diakonie.de,
Internet: www.a-m-d.de

Arbeitskreis Kirche und Sport der EKD, *Gf.:* Stefan Kiefer, Herrenhäuser Str. 12,
30419 Hannover, Tel.: 0511 2796-704, Fax: 0511 2796-722,
E-Mail: Stefan.Kiefer@ekd.de, Internet: www.kirche-und-sport.de

Christusträger Bruderschaft e.V., Am Klosterberg 2, Kloster Triefenstein, 97855 Triefenstein,
Tel.: 09395 777-0, Fax: 09395 777-103, E-Mail: tr-triefenstein@christustraeger.org,
Internet: www.christustraeger-bruderschaft.org

Christusträger Schwesternschaft e.V., *L.:* Schwestern Astrid Henniges, Dorothea Lakowitz,
Christine Fimpel, Inge Majer, Hergershof. 8, 74542 Braunsbach, Tel.: 07906 8671,
Fax: 07906 8670, E-Mail: verwaltung@christustraeger-schwestern.de,
Internet: www.christustraeger-schwestern.de

dzm-die mobile mission, Patmosweg 10, 57078 Siegen, Tel.: 0271 8800-100,
Fax: 0271 8800-150, E-Mail: info@dzm.de, Internet: www.die-mobile-mission.de
(Konto: SPK Siegen, Kto. 30 337 406, BLZ 460 500 01)

Ev. Gesellschaft für Deutschland, Telegrafenstr. 59–63, 42477 Radevormwald,
Tel.: 02195 925-220, Fax: 02195 925-299, E-Mail: anfrage@egfd.de,
Internet: www.egfd.de

Ev. Gnadauer Gemeinschaftsverband e.V., Leuschnerstr. 72a, 34134 Kassel,
Tel.: 0561 20799-0, Fax: 0561 20799-29, E-Mail: info@gnadauer.de,
Internet: www.gnadauer.de

Ev. Konferenz für TelefonSeelsorge u. Offene Tür e.V., Caroline-Michaelis-Str. 1,
10115 Berlin, Tel.: 030 65211-1-681, Fax: 030 65211-3-681, E-Mail: telefonseelsorge@
diakonie.de, Internet: www.telefonseelsorge.de

Kath. Konferenz für Telefonseelsorge u. Offene Tür, Kaiserstr. 161, 53113 Bonn,
Tel.: 0228 103-223, Fax: 0228 103-334, E-Mail: telefonseelsorge@dbk.de,
Internet: www.telefonseelsorge.de

KIRCHE UNTERWEGS e.V., kirchliche-missionarische Dienste auf Campingplätzen
und in Gemeinden, Christliche Zirkusschule, Im Wiesental 1, 71554 Weissach im Tal,
Tel.: 07191 61983, E-Mail: info@kircheunterwegs.de, Internet: www.kircheunterwegs.de

Kirchliche Dienst im Gastgewerbe e.V., *Vors.:* Diakon Werner Fuchs,
Wilhelm-Leuschner-Str. 12, 60329 Frankfurt a.M., Tel.: 069 236369, Fax: 069 239788,
E-Mail: werner.fuchs@kdg-kronenhof.de, Internet: www.kdg-mdhg.de

Pilgermission St. Chrischona – Theologisches Seminar, Chrischonarain 200,
CH – 4126 Bettingen/Basel, Tel.: 0041 61 6464270, Fax: 0041 61 6464-277,
E-Mail: info@chrischona.ch, Internet:www.chrischona.org
Kontakt Deutschland: Chrischona-Gemeinschaftswerk Deutschland e.V.,
Gottlieb-Daimler-Str. 22, 35398 Giessen, Tel.: 0641 6059208, Fax: 0641 60592-10,
E-Mail: chrischona.giessen@chrischona.org, Internet: www.chrischona.de

Verein für Berliner Stadtmission, Lehrter Str. 68, 10557 Berlin, Tel.: 030 69033-3,
Fax: 030 6947785, E-Mail: info@berliner-stadtmission.de,
Internet: www.berliner-stadtmission.de (Konto: Bank für Sozialwirtschaft,
IBAN DE63 1002 0500 0003 1555 00, BIC BFSWDE33BER)

8. Erziehungs-, Bildungs- und Studienarbeit

Erziehung und Bildung

Arbeitsgemeinschaft Ev. Schulbünde e.V.
  Gst.: c/o Kirchenamt der EKD, Herrenhäuser Str. 12, D - 30419 Hannover,
  Tel.: 0511 2796-240, Fax: 0511 2796-99240 oder -277, E-Mail: angela.hennig@ekd.de
  Vorst.: Erwin Meister, c/o ESS Bayern, Gleißbühlstr. 7, 90402 Nürnberg,
  Tel.: 0911 24411-11, Fax: 0911 24411-18, E-Mail: e.meister@essbay.de
v. Bodelschwinghsche Stiftungen Bethel, Stiftung Sarepta – Nazareth, Bildung & Beratung
  Bethel, Nazarethweg 7, 33617 Bielefeld, Tel.: 0521 144-4961, Fax: 0521 144-6109,
  E-Mail: Bildung-Beratung@bethel.de, Internet: www.bildung-beratung-bethel.de
Bundesarbeitsgemeinschaft Ev. Jugendsozialarbeit (EJSA), Wagenburgstr. 26–28,
  70184 Stuttgart, Tel.: 0711 16489-0, Fax: 0711 16489-21, E-Mail: wuerfel@bagejsa.de,
  Internet: www.bagejsa.de
CVJM-Gesamtverband in Deutschland e.V., Postfach 41 01 54, 34063 Kassel, Im Druseltal 8,
  34131 Kassel, Tel.: 0561 3087-0, Fax: 0561 3087-270, E-Mail: info@cvjm.de,
  Internet: www.cvjm.de (Konto: EKK Kassel, IBAN: DE05 5206 0410 0000 005 347)
Deutsche Ev. Arbeitsgemeinschaft für Erwachsenenbildung e.V. (DEAE),
  Heinrich Hoffmann-Str. 3, 60528 Frankfurt a.M., Tel.: 069 67869668-307,
  Fax: 069 67869668-311, E-Mail: info@deae.de, Internet: www.deae.de
Ev. Arbeitsstelle Fernstudium im Comenius Institut, Heinrich-Hoffmann-Str. 3,
  60528 Frankfurt a.M., Tel.: 069 67724907, Fax: 069 67725278,
  E-Mail: info@fernstudium-ekd.de, Internet: www.fernstudium-ekd.de
Ev. Missionsschule Unterweissach, Seminar für Theologie, Jugend- u. Gemeindepädagogik
  der Bahnauer Bruderschaft GmbH, staatlich und kirchlich anerkanntes Berufskolleg
  und Fachschule, Im Wiesental 1, 71554 Weissach im Tal, Tel.: 07191 3534-0,
  Fax: 07191 3534-11, E-Mail: buero@missionsschule.de, Internet: www.missionsschule.de
  (Konto: EKK Stuttgart, IBAN: DE77 5206 0410 0000 4165 92, BIC: GENODEF1EK1)
Ev. Schulstiftung in der EKD (ESS EKD), Herrenhäuser Str. 12, 30419 Hannover,
  Tel.: 0511 2796-354, Fax: 0511 2796-99, E-Mail: ess@ekd.de,
  Internet: www.evangelische-schulstiftung.de
Ev. Studienwerk e.V. Villigst, Iserlohner Str. 25, 58239 Schwerte, Tel.: 02304 755-196,
  Fax: 02304 755-250, E-Mail: info@evstudienwerk.de, Internet: www.evstudienwerk.de
  (Konto: KD Bank, IBAN: DE74 3506 0190 2112 5700 15)
Malche e.V. – Theologisch-pädagogisches Seminar, Portastr. 8, 32457 Porta Westfalica,
  Tel.: 0571 6453-0, Fax: 0571 6453-119, E-Mail: info@malche.de, Internet: www.malche.de
  (Konto: St. Spk. Porta Westfalica, IBAN: DE98 4905 1990 0049 0016 05,
  BIC: WELADED1PWF)

Evangelische Heimvolkshochschulen

Arbeitskreis der Ev. Heimvolkshochschulen in Deutschland, Hormannshausen 6–8,
  31547 Rehburg-Loccum, Tel.: 05766 9609-0, Fax: 05766 9609-44,
  E-Mail: info@hvhs-loccum.de, Internet: www.hvhs-loccum.de
akademie am see. Koppelsberg, Koppelsberg 7, 24306 Plön, Tel.: 04522 7415-0, Fax: 04522
  741518, E-Mail: kontakt@akademie-am-see.net, Internet: www.akademie-am-see.net
Burg Fürsteneck – Akademie für berufliche und musisch-kulturelle Weiterbildung,
  Am Schlossgarten 3, 36132 Eiterfeld, Tel.: 06672 9202-0, Fax: 06672 9202-30,
  E-Mail: bildung@burg-fuersteneck.de, Internet: www.burg-fuersteneck.de
Ev. Bauernwerk in Württemberg e.V. und Ländliche Heimvolkshochschule, Hohebuch 16,
  74638 Waldenburg-Hohebuch, Tel.: 07942 107-70 (Bauernwerk);
  Tel.: 07942 107-0 (HVHS), Fax: 07942 107-77 (Bauernwerk),
  Tel.: 07942 107-20 (HVHS); E-Mail: info@hohebuch.de;
  Internet: www.hohebuch.de

Ev. Bildungszentrum Bad Bederkesa, Alter Postweg 2, 27624 Bad Bederkesa,
Tel.: 04745 9495-0, Fax: 04745 9495-96, E-Mail: info@ev-bildungszentrum.de,
Internet: www.ev-bildungszentrum.de

Evang. Bildungs- und Tagungszentrum Alexandersbad, Markgrafenstr. 34,
95680 Bad Alexandersbad, Tel.: 09232 9939-0, Fax: 09232 9939-99,
E-Mail: info@ebz-alexandersbad.de, Internet: www.ebz-alexandersbad.de

Evangelisches Bildungs- und Tagungszentrum Pappenheim, Stadtparkstr. 8–17,
91788 Pappenheim, Tel.: 09143 604-14, Fax: 09143 604-64,
E-Mail: seminare@ebz-pappenheim.de, Internet: www.ebz-pappenheim.de

Evang. Bildungszentrum Hesselberg, Hesselbergstr. 26, 91726 Gerolfingen, Tel.: 09854 10-0,
Fax: 09854 10-50, E-Mail: info@ebz-hesselberg.de, Internet: www.ebz-hesselberg.de

Ev. Heimvolkshochschule Alterode, Einestr. 13, 06543 Alterode, Tel.: 034742 9503-0,
Fax: 034742 9503-11, E-Mail: info@heimvolkshochschule-alterode.de,
Internet: www.heimvolkshochschule-alterode.de

Ev. Heimvolkshochschule Rastede, Mühlenstr. 126, 26180 Rastede, Tel.: 04402 9284-0,
Fax: 04402 9284-40, E-Mail: info@hvhs.de, Internet: www.hvhs.de

Ev. Heimvolkshochschule Loccum, Hormannshausen 6–8, 31547 Rehburg-Loccum,
Tel.: 05766 9609-0, Fax: 05766 9609-44, E-Mail: info@hvhs-loccum.de,
Internet: www.hvhs-loccum.de

Ländliche Heimvolkshochschule Neckarelz, Martin-Luther-Str. 14, 74821 Mosbach,
Tel.: 06261 6735400, Fax: 06261 6735410, E-Mail: info@bildungshaus-neckarelz.de,
Internet: www.bildungshaus-neckarelz.de

Ländliche Heimvolkshochschule Thüringen e.V., Kloster Donndorf 6, 06571 Donndorf/
Unstrut, Tel.: 034672 851-0, Fax: 034672 851-20, E-Mail: lhvhs@klosterdonndorf.de,
Internet: www.klosterdonndorf.de

Ländliche Heimvolkshochschule Hohebuch, 74638 Waldenburg-Hohebuch,
Tel.: 07942 107-0, Fax: 07942 107-20, E-Mail: hvhs@hohebuch.de,
Internet: www.Hohebuch.de

Niedersächsische Luth. Heimvolkshochschule Hermannsburg, Lutterweg 16,
29320 Hermannsburg, Tel.: 05052 9899-0, Fax: 05052 9899-55,
E-Mail: info@bildung-voller-leben.de, Internet: www.bildung-voller-leben.de

Evangelische Akademien

Akademie der Ev.-Luth. Kirche in Oldenburg, Haareneschstr. 60, 26121 Oldenburg,
Tel.: 0441 7701-402, Fax: 0441 7701-419, E-Mail: akademie@ev-kirche-oldenburg.de,
Internet: www.akademie-oldenburg.de

Evangelische Akademien in Deutschland e.V. (EAD), Auguststr. 80, 10117 Berlin,
Tel.: 030 28395-403, E-Mail: office@evangelische-akademien.de,
Internet: www.evangelische-akademien.de

Ev. Landjugendakademie, Dieperzbergweg 13–17, 57610 Altenkirchen/Westerwald,
Tel.: 02681 9516-11, Fax: 02681 70206, E-Mail: info@lja.de, Internet: www.lja.de

Evangelische Akademie Bad Boll, Akademieweg 11, 73087 Bad Boll, Tel.: 07164 79-0,
Fax: 07164 79-440, E-Mail: info@ev-akademie-boll.de,
Internet: www.ev-akademie-boll.de

Evangelische Akademie Baden, Blumenstr. 1–7, 76133 Karlsruhe, Tel.: 0721 9175-361,
Fax: 0721 917525-361, E-Mail: info@ev-akademie-baden.de,
Internet: www.ev-akademie-baden.de

Evangelische Akademie zu Berlin, Charlottenstr. 53/54, 10117 Berlin, Tel.: 030 20355-500,
Fax: 030 20355-550, E-Mail: eazb@eaberlin.de, Internet: www.eaberlin.de

Evangelische Akademie Abt Jerusalem Braunschweig, Alter Zeughof 1, 38100 Braunschweig,
Tel.: 0531 12054-0, Fax: 0531 12054-50, E-Mail: sekretariat.thz@lk-bs.de,
Internet: www.abt-jerusalem-akademie.de

Evangelische Akademie Frankfurt, Haus am Weißen Stein, Eschersheimer Landstr. 567,
60431 Frankfurt a.M., E-Mail: office@evangelische-akademie, Internet: www.evangeli-
sche-akademie.de

Evangelische Akademie Hofgeismar, Postfach 12 05, 34362 Hofgeismar, Tel.: 05671 881-0,
    Fax: 05671 881-154, E-Mail: ev.akademie.hofgeismar@ekkw.de,
    Internet: www.akademie-hofgeismar.de
Evangelische Akademie Loccum, Münchehäger Str. 6, 31547 Rehburg-Loccum,
    Tel.: 05766 81-0, Fax: 05766 81-900, E-Mail: eal@evlka.de, Internet: www.loccum.de
Evangelische Akademie Meißen, Freiheit 16, 01662 Meißen, Tel.: 03521 4706-0,
    Fax: 03521 4706-99, E-Mail: klosterhof@ev-akademie-meissen.de,
    Internet: www.ev-akademie-meissen.de
Evangelische Akademie der Nordkirche, Internet: www.akademie.nordkirche.de
- *Gst. Hamburg:* Königstr. 52, 22767 Hamburg, Tel.: 040 30620-1452,
    Fax: 040 30620-1453, E-Mail: hamburg@akademie.nordkirche.de
- *Gst. Rostock:* Am Ziegenmarkt 4, 18055 Rostock, Tel.: 0381 2522430,
    Fax: 0381 2522459, E-Mail: rostock@akademie.nordkirche.de
Evangelische Akademie der Pfalz, Luitpoldstr. 10, 76829 Landau, Tel.: 06341 96890-30,
    E-Mail: info@eapfalz.de, Internet: www.eapfalz.de
Evangelische Akademie im Rheinland, Mandelbaumweg 2, 53177 Bonn/Bad Godesberg,
    Tel.: 0228 9523-201, Fax: 0228 9523-250, E-Mail: info@akademie.ekir.de,
    Internet: www.ev-akademie-rheinland.de; www.twitter.com/akademie_bonn;
    www.facebook.com/ev.akademie.rheinland
Evangelische Akademie Sachsen-Anhalt e.V., Schlossplatz 1D, 06886 Lutherstadt Witten-
    berg, Tel.: 03491 4988-0, Fax: 03491 400706, E-Mail: info@ev-akademie-wittenberg.de,
    Internet: www.ev-akademie-wittenberg.de
Evangelische Akademie Thüringen, Zinzendorfhaus, 99192 Neudietendorf,
    Tel.: 036202 984-0, Fax: 036202 984-22, E-Mail: info@ev-akademie-thueringen.de,
    Internet: www.ev-akademie-thueringen.de
Evangelische Akademie Tutzing, Schloßstr. 2 + 4, 82327 Tutzing, Tel.: 08158 251-0,
    Fax: 08158 251137, E-Mail: info@ev-akademie-tutzing.de,
    Internet: www.ev-akademie-tutzing.de
Evangelische Akademie Villigst (im Institut für Kirche und Gesellschaft der Ev. Kirche von
    Westfalen), Iserlohner Str. 25, 58239 Schwerte, Tel.: 02304 755-332, Fax: 02304 755-318,
    E-Mail: info@kircheundgesellschaft.de, Internet: www.kircheundgesellschaft.de

Außerordentliche Mitglieder
Deutscher Evangelischer Kirchentag, Magdeburger Str. 59, 36037 Fulda, Tel.: 0661 96950-0,
    Fax: 0661 96950-90, E-Mail: fulda@kirchentag.de, Internet: www.kirchentag.de
Forschungsstätte der Ev. Studiengemeinschaft e.V. (FEST), Schmeilweg 5, 69118 Heidelberg,
    Tel.: 06221 9122-0, Fax: 06221 167257, E-Mail: info@fest-heidelberg.de,
    Internet: www.fest-heidelberg.de
Evangelische Sozialakademie Friedewald, Schloßstr. 2, 57520 Friedewald,
    Tel.: 02743 9236-0, Fax: 02743 9236-11, E-Mail: ev.sozialakademie@t-online.de,
    Internet: www.ev-sozialakademie.de
Evangelische Medienakademie, Kaiserswerther Str. 450, 40474 Düsseldorf,
    Tel.: 0211 43690-220, Fax: 0211 43690-200, E-Mail: info@evangelische-
    medienakademie.de, Internet: www.evangelische-medienakademie.de
Ev. Akademie im Saarland, Ludweiler Str. 60, 66333 Völklingen, Tel.: 06898 169622,
    Fax: 169632, E-Mail: buero@eva-a.de, Internet: www.eva-a.de

Weitere Akademien
Evangelische Akademie Siebenbürgen (EAS) – Academia Evanghelica Transilvania (AET),
    Str. Livezii 55, RO – 550042 Sibiu (Hermannstadt) Rumänien,
    Tel./Fax: 0040 (0)269 219914, Fax: 0040 (0)269 228730,
    E-Mail: eas@neppendorf.de, Internet: www.eas.neppendorf.de

Verband kirchlicher Archive in der Arbeitsgemeinschaft der Archive und Bibliotheken in der evangelischen Kirche, Lessingstr. 15 a, 34119 Kassel, Tel.: 0561 78876-0, Fax: 0561 78876-11, E-Mail: info@evangelische-archive.de, Internet: www.ekd.de/archive/deutsch

Ev. Zentralarchiv in Berlin (im Kirchlichen Archivzentrum), Bethaniendamm 29, 10997 Berlin, Tel.: 030 225045-20, Fax: 030 225045-40, E-Mail: archiv@ezab.de, Internet: www.ezab.de

Comenius-Inst., Evangelische Arbeitsstätte für Erziehungswissenschaft e.V., Schreiberstr. 12, 48149 Münster, Tel.: 0251 98101-0, Fax: 0251 98101-50, E-Mail: info@comenius.de, Internet: www.comenius.de

Kammer der EKD für Bildung u. Erziehung, Kinder u. Jugend, Herrenhäuser Str. 12, 30419 Hannover, Tel.: 0511 2796-241, Fax: 0511 2796-277, E-Mail: matthias.otte@ekd.de

Deutsche Gesellschaft für Pastoralpsychologie e.V. (DGfP), Huckarder Str. 12, Union Gewerbehof, 44147 Dortmund, Tel.: 0231 145969, Fax: 0231 5860359, E-Mail: kontakt@pastoralpsychologie.de, Internet: www.pastoralpsychologie.de

Deutsche Gesellschaft für Missionswissenschaft e.V. (DGMW), *Vors.:* Prof. Dr. D. Becker, Augustana-Hochschule, Waldstr. 11, 91564 Neuendettelsau, Tel.: 09874 509-500, E-Mail: petra-anna-goetz@augustana.de, Internet: www.dgmw.org

Ev. Bund-Konfessionskundliches Institut Bensheim, *L.:* Pfr. Dr. Walter Fleischmann-Bisten M.A., Ernst-Ludwig-Str. 7, 64625 Bensheim, Postfach 12 55, 64602 Bensheim, Tel.: 06251 8433-12, Fax: 06251 8433-28. E-Mail: walter.fleischmann-bisten@ki-eb.de, Internet: www.ki-bensheim.de

Ev. Zentralstelle für Weltanschauungsfragen (EZW), Augustr. 80, 10117 Berlin, Tel.: 030 28395-211, Fax: 030 28395-212, E-Mail: info@ezw-berlin.de, Internet: www.ezw-berlin.de

Forschungsstätte der Ev. Studiengemeinschaft e.V. (FEST), Schmeilweg 5, 69118 Heidelberg, Tel.: 06221 9122-0, Fax: 06221 167257, E-Mail: info@fest-heidelberg.de, Internet: www.fest-heidelberg.de

Kirchenrechtliches Institut der EKD, Goßlerstr. 11, 37073 Göttingen, Tel.: 0551 3910602, Fax: 0551 3910607, E-Mail: info@kirchenrechtliches-institut.de, Internet: www.kirchenrechtliches-institut.de

Luther-Akademie Sondershausen-Ratzeburg e.V., Domhof 18 (Dormitorium), 23909 Ratzeburg, Tel.: 0800 3 340340, E-Mail: info@luther-akademie.de, Internet: www.luther-akademie.de

Luther-Gesellschaft e.V., Collegienstr. 62, 06886 Lutherstadt Wittenberg, Tel.: 03491 466-233, Fax: 03491 466-278, E-Mail: info@luther-gesellschaft.de, Internet: www.Luther-Gesellschaft.de

Sozialwissenschaftliches Institut (SI) der EKD, Arnswaldtstr. 6, 30159 Hannover, Tel.: 0511 554741-0, Fax: 0511 554741-44, E-Mail: info@si-ekd.de, Internet: www.si-ekd.de

Wissenschaftliche Gesellschaft für Theologie e.V., Haus der Diakonie, Paulsenstr. 55–56, 12163 Berlin, 030 82097-223, Fax: 030 82097-105, E-Mail: wgth.berlin@gmx.de und geschaeftsstelle@wgth.de, Internet: www.wgth.de

9. Weltmission, Entwicklungs- und Diaspora-Arbeit

Weltmission und Entwicklungsdienst

Ev. Missionswerk in Deutschland (EMW)-Dachverband ev. Kirchen, Verbände und Missionen in Deutschland, Normannenweg 17–21, 20537 Hamburg, Tel.: 040 25456-0, Fax: 040 2542987, E-Mail info@emw-d.de, Internet: www.emw-d.de

Mitglieder:
1. Arbeitsgemeinschaft Mennonitischer Gemeinden in Deutschland K.d.ö.R., Stauferstr. 43, 85051 Ingolstadt, Tel.: 0841 9008216, E-Mail: AMG.Frieder.Boller@mennoniten.de, Internet: www.mennoniten.de
2. Arbeitsgemeinschaft Missionarische Dienste (AMD), Caroline-Michaelis-Str. 1, 10115 Berlin, Tel.: 030 65211-1862, Fax: 030 65211-3862, E-Mail: amd@diakonie.de, Internet: www.a-m-d.de
3. Berliner Missionswerk (BMW), Georgenkirchstr. 69/70. 10249 Berlin, Tel.: 030 24344-123, Fax: 030 24344-124, E-Mail: bmw@berliner-missionswerk.de, Internet: www.berliner-missionswerk.de (IBAN: DE32 2106 0237 0000 07616 17, BIC: GENODEF1EDG)
4. Bund Evangelisch-Freikirchlicher Gemeinden EBM International, Gottfried-Wilhelm-Lehmann-Str. 4, D-14641 Wustermark, Tel.: 033234 74150, Fax: 033234 74145, E-Mail: info@ebm-international.org, Internet: www.ebm-international.org (Konto: Spar- u. Kreditbank Ev.-Freikirchl. Gemeinden Bad Homburg, Kto. 46 868, BLZ 500 921 00)
5. CVJM-Gesamtverband in Deutschland e.V., Im Druseltal 8, 34131 Kassel, Tel.: 0561 3087-0, Fax: 0561 3087-270, E-Mail: info@cvjm.de, Internet: www.cvjm.de (Konto: EKK Kassel, IBAN: DE05 5206 0410 0000 0053 47))
6. Deutsche Bibelgesellschaft, Balinger Str. 31a, 70567 Stuttgart, Tel.: 0711 7181-0, Fax: 0711 7181-126, E-Mail: zentrale@dbg.de, Internet: www.dbg.de (Konto: EKK Stuttgart, IBAN: DE53 5206 0410 0000 4153 75)
7. Deutsche Ev. Missionshilfe (DEMH), Normannenweg 17–21, 20537 Hamburg, Tel.: 040 25456143, Fax: 040 2542987, E-Mail: demh@emw-d.de, Internet: www.emw-d.de
8. Deutsche Gesellschaft für Missionswissenschaft e.V., Augustana-Hochschule, Waldstr. 11, 91564 Neuendettelsau, Tel.: 09874 509-500, Fax: 09874 509-555, E-Mail: petra-anna-goetz@augustana.de, Internet: www.dgmw.org
9. Difäm (Deutsches Institut für Ärztliche Mission e.V.), Mohlstr. 26, 72074 Tübingen, Tel.: 07071 7049017, E-Mail: info@difaem.de, Internet: www.difaem.de
10. Evangelische Brüder-Unität – Herrnhuter Brüdergemeine K.d.ö.R., Badwasen 6, 73087 Bad Boll, Tel.: 07164 9421-0, Fax: 07164 9421-99, E-Mail: brueder-unitaet@bb.ebu.de, Internet: www.herrnhuter-missionshilfe.de *Leitung:* Pfarrer Frieder Vollprecht; DA-Vertreter: Johannes Welschen. Postfach 21, 02745 Herrnhut, Tel.: 035873 487-0, Fax: 035873 487-99, E-Mail: info@ebu.de, Internet: www.ebu.de
11. Evangelisch-altreformierte Kirche in Niedersachsen, Hauptstr. 3, 49824 Laar, Tel.: 05947 242, E-Mail: synode@altreformiert.de, Internet: www.altreformiert.de
12. Evangelisch-lutherisches Missionswerk in Niedersachsen (ELM), Georg-Haccius-Str. 9, 29320 Hermannsburg, Tel.: 05052 690, Fax: 05052 69222, E-Mail: Zentrale-de@elm-mission.net und direktorat@elm-mission.net, Internet: www.elm-mission.net
13. Evangelisch-Lutherisches Missionswerk Leipzig e.V., Paul-List-Str. 19, 04103 Leipzig, Tel.: 0341 99406-00, Fax: 0341 99406-90, E-Mail: info@LMW-Mission.de, Internet: www.LMW-Mission.de
14. Evangelisch-methodistische Kirche – Weltmission, Pastor Frank Aichele, Holländische Heide 13, 42113 Wuppertal, Tel.: 0202 7670190, Fax: 0202 7670193, E-Mail: weltmission@emk.de, Internet: www.emkweltmission.de (Konto: EKK Stuttgart, Kto. 401 773, BLZ 520 604 10)
15. Evangelische Kirche in Deutschland (EKD). Herrenhäuser Str. 12, 30419 Hannover, Tel.: 0511 2796-0, Fax: 0511 2796-707, E-Mail: info@ekd.de, Internet: www.ekd.de

16. Evangelische Mission in Solidarität e.V., Vogelsangstr. 62, 70197 Stuttgart,
    Tel.: 0711 63678-65, Fax: 0711 6367866, E-Mail: hauser@ems-online.org
17. Gossner Mission, Georgenkirchstr. 69/70, 10249 Berlin, Tel.: 030 24344-5750,
    Fax: 030 24344-5752, E-Mail: gossner@t-online.de, Internet: www.gossner-mission.de
    (IBAN: DE71 2106 0237 0000 1393 00, BIC: GENODEF1EDG)
18. MBK – Evangelisches Jugend- und Missionswerk e.V., Hermann-Löns-Str. 9a,
    32105 Bad Salzuflen, Tel.: 05222 1805-0, Fax: 05222 1805-27, E-Mail: info@mbk-web.de,
    Internet: www.mbk-web.de (Konto: KD-Bank eG, Kto. 2 108 408 017, BLZ 350 601 90)
19. Mission EineWelt, Centrum für Partnerschaft, Entwicklung und Mission der Evang.-
    Luth. Kirche in Bayern, Hauptstr. 2, 91564 Neuendettelsau, Tel.: 09874 90,
    Fax: 09874 93190, E-Mail: info@mission-einewelt.de, Internet: www.mission-einewelt.de
    (Geschäftskonto: EKK Kassel, Kto. 10 30 108, BLZ 520 604 10, IBAN: DE29 5206 0410
    0001 0301 08, BIC: GENODEF 1EK1; Spendenkonto: EKK Kassel, Kto. 10 11 111,
    BLZ 520 604 10, IBAN: DE12 5206 0410 0001 0111 11, BIC: GENODEF 1EK1)
20. Morgenländische Frauenmission, Finckensteinallee 23–27, 12205 Berlin,
    Tel.: 030 843889-62, Fax: 030 843889-68, E-Mail: info@frauenmission.de,
    Internet: www.frauenmission.de
21. Norddeutsche Mission, Berckstr. 27, 28359 Bremen, Tel.: 0421 4677038, Fax: 0421
    4677907, E-Mail: info@norddeutschemission.de, Internet: www.norddeutschemission.de
    (Konto: SPK Bremen, IBAN: DE45 2905 0101 0001 0727 27, SWIFT-BIC: SBREDE22)
22. Zentrum für Mission und Ökumene – nordkirche weltweit (ZMÖ),
    Agathe-Lasch-Weg 16, 22605 Hamburg, Tel.: 040 88181-0, Fax: 040 88181-210,
    E-Mail: info@nordkirche-weltweit.de, Internet: nordkirche-weltweit.de
    (Konto: Ev. Darlehnsgen. Kiel, Kto. 27 375, BLZ 210 602 37)
23. Vereinte Evangelische Mission-Gemeinschaft von Kirchen in drei Erdteilen,
    Rudolfstr. 137, 42285 Wuppertal, Tel.: 0202 89004-0, Fax: 0202 89004-179,
    E-Mail: info@vemission.org, Internet: www.vemission.org (Konto: KD-Bank eG.,
    Kto. 9 090 908, BLZ 350 601 90, IBAN: DE45 3506 0190 0009 0909 08)

Vereinbarungspartner:
1. Christoffel-Blindenmission Deutschland e.V., Nibelungenstr. 124, 64625 Bensheim,
   Tel.: 06251 1310, Fax: 06251 131199, E-Mail: info@cbm.de, Internet: www.cbm.de
2. Deutsche Arbeitsgemeinschaft für Ev. Gehörlosenseelsorge (DAFEG) e.V., Ständeplatz
   18, 34117 Kassel, Tel.: 0561 73940-51, Fax: 0561 73940-52, E-Mail: info@dafeg.de,
   Internet: www.dafeg.de
3. Christlicher Hilfsbund im Orient e.V., Friedberger Str. 101, 61350 Bad Homburg,
   Tel.: 06172 898061, Fax: 06172 8987056, E-Mail: hilfsbund@t-online.de,
   Internet: www.hilfsbund.de
4. Deutsche Seemannsmission e.V., Jippen 1, 28195 Bremen, Tel.: 0421 173630,
   Fax: 0421 1736323, E-Mail: headoffice@seemannsmission.org,
   Internet: www.seemannsmission.org
5. Hildesheimer Blindenmission e.V., Helmerstr. 6, 31134 Hildesheim, Tel.: 05121
   9188611, Fax: 05121 9188610, E-Mail: info@h-bm.org, Internet: www.h-bm.org
6. Lutherische Kirchenmission (Bleckmarer Mission) e.V., Teichkamp 4, 29303 Bergen,
   Tel.: 05051 986911, Fax: 05051 986945, E-Mail: lkm@selk.de,
   Internet: www.mission-bleckmar.de

Weitere missionarische Organisationen

Allianz-Mission e.V., Jahnstr. 53, 35716 Dietzhölztal, Tel.: 02774 9314-0,
    Fax: 02774 9314-14, E-Mail: info@allianz-mission.de, Internet: www.allianz-mission.de
    (Konto: VoBa Dill e.G., Kto. 438 006, BLZ 516 900 00)
Basler Mission. – Deutscher Zweig e.V., Vogelsangstr. 62, 70197 Stuttgart,
    Tel.: 0711 63678-0, Fax: 0711 63678-45, E-Mail: info@ems-online.org,
    Internet: www.ems-online.org/430.html.

Dt. Frauen-Missions-Gebetsbund e.V., Unter dem Klingelschacht 38, 57074 Siegen,
Tel.: 0271 335333, Fax: 0271 335334, E-Mail: DFMGB-Siegen@t-online.de,
Internet: www.dfmgb-siegen.de

Ev. Karmelmission e.V., Silcherstr. 56, 73614 Schorndorf, Tel.: 07181 9221-0,
Fax: 07181 9221-11, E-Mail: info@ev-km.de, Internet: www.karmelmission.org
(Konto: Volksbank Stuttgart eG, IBAN: DE68 6009 0100 0012 6400 00,
BIC: VOBADESS)

Ev. Kirche von Kurhessen-Waldeck, Landeskirchenamt, Wilhelmshöher Allee 330,
34131 Kassel, Tel.: 0561 9378-0, Fax: 0561 9378-400,
E-Mail: landeskirchenamt@ekkw.de, Internet: www.ekkw.de

Evangeliumsgemeinschaft Mittlerer Osten, Walkmühlstr. 8, 65195 Wiesbaden,
Tel.: 0611 403995, Fax: 0611 451180, E-Mail: info@EMO-Wiesbaden.de,
Internet: www.EMO-Wiesbaden.de (Konto: EKK Kassel, Kto. 4 000 447,
BLZ 520 604 10)

Liebenzeller Mission gemeinnützige GmbH, Postfach 12 40, 75375 Bad Liebenzell,
Tel.: 07052 170, Fax: 07052 17-100, E-Mail: info@liebenzell.org,
Internet: www.liebenzell.org (Konto: SPK Pforzheim Calw, Kto. 3 300 234,
BLZ 666 500 85, IBAN-Nr.: DE27 6665 0085 003 3002 34, Swift BIC: PZHSDE 66)

Forum Wiedenest e.V., Eichendorffstr. 2, 51702 Bergneustadt, Tel.: 02261 406-0,
Fax: 02261 406-155, E-Mail: mission@wiedenest.de, Internet: www.wiedenest.de
(Konto: Volksbank Oberberg, IBAN: DE71 3846 2135 2202 7000 15,
BIC: GENODED1WIL)

Mission für Süd-Ost-Europa (MSOE) e.V., Hommeswiese 132, 57258 Freudenberg,
Tel.: 02734 28478-0, Fax: 02734 28478-20, E-Mail: msoe@msoe.org,
Internet: www.msoe.org (Konto: EKK Kassel, IBAN: DE32 520 604 1000 0000 4570,
BIC: GENODEF1EK1)

Missionsakademie an der Universität Hamburg, Rupertistr. 67, 22609 Hamburg,
Tel.: 040 823161-0, Fax: 040 82316193, E-Mail: info@missionsakademie.de

Missionswerk Frohe Botschaft e.V. (MFB), Nordstr. 15, 37247 Großalmerode,
Postfach 11 80, 37243 Großalmerode, Tel.: 05604 5066, Fax: 05604 7397,
E-Mail: kontakt@mfb-info.de, Internet: www.mfb-info.de (Konto: EKK Kassel,
IBAN: DE22 5206 0410 0000 0000 94)

Neukirchener Mission e.V., Gartenstr. 15, 47506 Neukirchen-Vluyn,
Tel.: 02845 98389-0, Fax: 02845 98389-70, E-Mail: info@Neukirchener-Mission.de,
Internet: www.neukirchener-mission.de (Konto: KD-Bank Dortmund,
IBAN: DE26 3506 0190 2119 6410 15)

OM Deutschland (Operation Mobilisation e.V.), Alte Neckarelzer Str. 2, 74821 Mosbach,
Tel.: 06261 947-0, Fax: 06261 947-147, E-Mail: info@om.org, Internet: www.d.om.org
(Konto: EKK Kassel, Kto. 507 245, BLZ 520 604 10)

Orientdienst e.V., Ringofenstr. 15, 44287 Dortmund, Postfach 41 01 61,
44271 Dortmund, Tel.: 0231 9098075, Fax: 0231 9098354,
E-Mail: info@orientdienst.de, Internet: www.orientdienst.de
(Konto: KD-Bank Dortmund, IBAN: DE83 3506 0190 2100 1810 13)

SAHEL LIFE e.V. (ehemals VKTM), Weilheimer Str. 39, 73230 Kirchheim/Teck-Nabern,
Tel.: 07021 94280, Fax: 07021 94288, E-Mail: mission@sahel-life.de, Internet:
www.sahel-life.de (Konto: Postbank Stuttgart, IBAN: DE87 6119 1310 0648 0260 00)

Stiftung Marburger Mission, Dürerstr. 30 a, 35039 Marburg, Tel.: 06421 9123-0,
Fax: 06421 9123-30, E-Mail: mm@marburger-mission.org,
Internet: www.marburger-mission.org (Konto: Evangelische Kreditgenossenschaft Kassel
(EKK), IBAN: DE50 5206 0410 0000 2021 26, BIC: GENODEF1EK1)

Velberter Mission, Kollwitz-Str. 8, 42549 Velbert, Tel.: 02051 951717, Fax: 02051 951716,
E-Mail: info@velberter-mission.de, Internet: www.velberter-mission.de

Verband Ev. Missionskonferenzen (VEMK), Beate Heßler, Regionalpfarrerin im Amt für
Mission, Ökumene und kirchliche Weltverantwortung, Mozartstr. 18–20, 59423 Unna,
Tel.: 02303 288-134, E-Mail: beate.hessler@moewe-westfalen.de

Verein zur Unterstützung missionarischer Arbeit in der Ev. Johannesgemeinde
  Darmstadt e.V., Kahlertstr. 26, 64293 Darmstadt, Tel.: 06151 21753,
  Fax: 06151 1361831, E-Mail: buero@johannesgemeinde.com,
  Internet: www.johannesgemeinde.com
Vereinigte Missionsfreunde e.V., Kehler Str. 31, 79108 Freiburg i. Br., Tel.: 0761 5559761,
  Fax: 0761 5109094, E-Mail: vmf.Freiburg@t-online.de, Internet: www.missionsfreunde.de
  (Konto: Deutsche Bank Siegen, Kto. 516 807, BLZ 460 700 24)
WEC-International e.V., Weltweiter Einsatz für Christus, Missionshaus: Hof Häusel 4,
  65817 Eppstein/Ts, Tel.: 06198 5859-0, Fax: 06198 5859-159,
  E-Mail: office@wi-de.de, Internet: www.wec-int.de
  (Konto: Frankfurter Volksbank, IBAN: DE34 5019 0000 0004 1320 09)
Wycliff e.V., Siegenweg 32, 57299 Burbach, Tel.: 02736 297-0, Fax: 02736 297-125,
  E-Mail: info@wycliff.org, Internet: www.wycliff.de (Konto: KD Bank eG,
  Kto. 1 013 440 014, BLZ 350 601 90)

Diaspora-Arbeit

Gustav-Adolf-Werk e.V., Diasporawerk der Ev. Kirche in Deutschland (GAW),
  Pistorisstr. 6, 04229 Leipzig, Tel.: 0341 49062-0, Fax: 0341 49062-66,
  E-Mail: info@gustav-adolf-werk.de, Internet: www.gustav-adolf-werk.de
  (Konto: Sparkasse Leipzig, Kto. 1 170 004 063, BLZ 860 555 92,
  IBAN: DE 14 860555921170004063, BIC: WELADE8LXXX)
Martin-Luther-Bund, Diasporawerk ev.-luth. Kirchen, Fahrstr. 15, 91054 Erlangen,
  Tel.: 09131 7870-0, E-Mail: info@martin-luther-bund.de, Internet: www.martin-
  luther-bund.de (Konto: Sparkasse Erlangen, Kto. 12 304, BLZ 763 500 00)
Verein zur Förderung der Stiftung Federico Fliedner e.V. in Madrid, Kastanienallee 40a,
  32049 Herford, Tel.: 05221 81197 (Konto: PB Ffm., Kto. 50 832-604, BLZ 500 100 60)

10. Konvente, Bruderschaften, Zusammenschlüsse

Ahldener Bruderschaft, Geistliches Rüstzentrum Krelingen der Ahldener Bruderschaft e.V.,
  Krelingen 37, 29664 Walsrode, Tel.: 05167 970-0, Fax: 05167 970-160,
  E-Mail: grz@grz-krelingen.de, Internet: www.grz-krelingen.de
  Leitung: Pastor i.R. Burghard Affeld, Preußenweg 25, 49076 Osnabrück,
  Tel.: 0541 80029990, E-Mail: broaffeld@osnanet.de
Bekenntnisbewegung „Kein anderes Evangelium", Mehlbaumstr. 148, 72458 Albstadt,
  Tel. u. Fax: 07431 74485, E-Mail: w.rominger@t-online.de,
  Internet: www.keinanderesevangelium.de
Berneuchener Dienst e.V., Moritzburger Weg 38 D, 01109 Dresden, Tel.: 0351 8808460,
  E-Mail: Berneuchener-Dienst@gmx.de, Internet: www.berneuchener-dienst.de
Deutsche Evangelische Allianz e.V., Esplanade 5-10a, 07422 Bad Blankenburg,
  Tel.: 036741 2424, Fax: 036741 3212, E-Mail: info@ead.de, Internet: www.ead.de
  www.allianzhaus.de (Konto: Evangelische Kreditgenossenschaft Kassel (EKK),
  IBAN: DE87 5206 0410 0000 4168 00, BIC: GENODEF1EK1)
Ev. Gnadauer Gemeinschaftsverband e.V., Leuschnerstr. 72 a, 34134 Kassel, Tel.: 0561
  20799-0, Fax: 0561 20799-29, E-Mail: info@gnadauer.de, Internet: www.gnadauer.de
Ev. Konvent Kloster St. Marienberg, Klosterstr. 14, 38350 Helmstedt, Tel.: 05351 6769,
  Fax: 05351 6781, E-Mail: klostermarienberg@gmx.de
Ev. Michaelsbruderschaft, Mörikestr. 18, 35039 Marburg, Tel.: 06421 992403,
  Fax: 06421 992401, E-Mail: Sekretariat@michaelsbruderschaft.de,
  Internet: www.michaelsbruderschaft.de
Internationale Konferenz Bekennender Gemeinschaften (IKBG/ICN), *Präs.:* Pastor Ulrich
  Rüß, Postfach 1203, 17162 Teterow (Mecklenburg), Tel.: 039933 739-848,
  Fax: 039933 739-859, E-Mail: sekretariat@ikbg.net

Konferenz Bekennender Gemeinschaften in der EKD (KBG), *Vors.:* Pastor Ulrich Rüß,
Saturnweg 39, 22391 Hamburg, Tel.: 040 478703, Fax: 040 46856462,
E-Mail: UlrichRuess@gmx.de

Konvent Ev. Theologinnen in der Bundesrepublik Deutschland e.V.,
Kolberger Str. 2, 24768 Rendsburg, Tel.: 04331 469295, Fax: 04331 332021,
E-Mail: st.juergen-nord@t-online.de, Internet: www.theologinnenkonvent.de

Luth. Arbeitsgemeinschaft
Gf.: Oberprediger Dr. Wieland Kastning, Kirchweg 1, 31675 Bückeburg,
Tel.: 05722 2852125, E-Mail: cwkastning@t-online.de; Internet: www.lutherische-arbeits-
gemeinschaft.de; *Vors.:* Professor Dr. Johannes von Lüpke, Missionsstr. 39,
42285 Wuppertal, Tel.: 0202 2820-174, E-Mail: vonluepke@thzw.de

Lutherisches Einigungswerk, Enge Gasse 26, 09599 Freiberg, Tel.: 03731 23545,
E-Mail: Rundbrief@einigungswerk.org, Internet: www.einigungswerk.org
(Konto: Bank für Kirche und Diakonie, Kto. 16 20960 019, BLZ 350 601 90)

Pfarrerinnen u. Pfarrer-Gebetsbund (PGB), Glockenweg 18, 58553 Halver,
Tel.: 02351 665730, Fax: 02351 665732, E-Mail: info@pgb.de, Internet: www.pgb.de

Pfarrfrauenbund e.V., *Vors.:* Renate Karnstein, In der Au 10, 51597 Morsbach,
Tel.: 02294-8787, Fax: 02294-900212, E-Mail: renate.karnstein@ekhm.de,
Internet: www.pfarrfrauenbund.de

Verband evang. Pfarrerinnen und Pfarrer in Deutschland e.V., *Gfst.:* Langgasse 54,
67105 Schifferstadt, Tel.: 06235 929310, Fax: 06235 929201,
E-Mail: geschaeftsstelle@pfarrerverband.de, Internet: www.pfarrerverband.de
Vors.: Andreas Kahnt, Am Hamjebusch 66, 26655 Westerstede,
E-Mail: vorsitz@pfarrerverband.de

11. Liturgie und Kirchenmusik

Chorverband in der Ev. Kirche in Deutschland e.V. (CEK), KMD Christian Finke,
Gallwitzallee 6, 12249 Berlin, Tel.: 030 76680165, Fax: 030 7741208,
E-Mail: c.finke@berlin.de, Internet: www.choere-evangelisch.de

Direktorenkonferenz Kirchenmusik (Konferenz der Leiter der kirchlichen und der staatlichen
Ausbildungsstätten für Kirchenmusik und der Landeskirchenmusikdirektoren in der
EKD), Präs.: Landeskantor KMD Kord Michaelis, Melanchthonstr. 1, 75173 Pforzheim,
Tel.: 07231 23339, Fax: 07231 290757, E-Mail: direktorenkonferenz@gmx.de

Ev. Posaunendienst in Deutschland e.V. (EPiD e.V.), Cansteinstr. 1, 33647 Bielefeld,
Tel.: 0521 4334-42, Fax: 0521 4334-43, E-Mail: info@epid.de, Internet: www.epid.de

Liturgische Konferenz, Herrenhäuser Str. 12, 30419 Hannover, Tel.: 0511 2796-214,
Fax: 0511 2796-722, E-Mail:lk@ekd.de, Internet: www.liturgische-konferenz.de

Marienberger Vereinigung für ev. Paramentik e.V.,
E-Mail: info@marienberger-vereinigung.de, Internet: www.marienberger-vereinigung.de

Paramentenwerkstätten in kirchlicher Trägerschaft:

- Diakonie Neuentettelsau Paramentik, Andrea Thema, Wilhelm-Löhe-Str. 14,
91564 Neuentettelsau, Tel.: 09874 82275, Fax: 09874 82276,
E-Mail: Paramentik@DiakonieNeuendettelsau.de

- Paramentenwerkstatt der von Veltheim-Stiftung beim Kloster St. Marienberg in
Helmstedt, Domina Mechtild von Veltheim, Klosterstr. 14, 38350 Helmstedt,
Tel.: 05351 7585, Fax: 05351 599292, E-Mail: paramentenwerkstatt-helmstedt@
parament.de, Internet: www.parament.de

- Paramenten- und Textilwerkstatt Stift Bethlehem, Christina Ritter, Bahnhofstr. 20,
19288 Ludwigslust, Tel.: 03874 433239, Fax: 03874 433404,
E-Mail: paramentik@stift-bethlehem.de

- Ratzeburger Paramentenwerkstatt der Evangelischen Stiftung Alsterdorf,
Kathrin Niemeyer, Domhof 18, 23909 Ratzeburg, Tel.: 04541 4194,
E-Mail: paramentenwerkstatt@alsterdorf.de

- Textilwerkstatt am Elisabethenstift gGmbH, Paramente-Textilkunst, Marie-Luise Frey-Jansen, Prinz-Christian-Weg 11, 64287 Darmstadt, Tel.: 06151 1596864, Fax: 06151 1596865, E-Mail: info@textil-kunst-kirche.de

Paramentenwerkstätten in privater Trägerschaft:
- Atelier für Paramentik, Paul Gerhardt Stift zu Berlin, Christina Utsch, Müllerstr. 56–58, 13349 Berlin, Tel.: 030 57701557, E-Mail: atelier.paramentik@googlemail.com
- Bröckers-Beling-Design, Petra Bröckers-Beling, Wilstedter Str. 10, 24558 Henstedt-Ulzburg, Tel.: 04193 7522939, E-Mail: paramente@broeckers-beling-design.com
- Filzatelier, Margrit Wilken-Brakenhoff, Gaststr. 22, 26655 Westerstede, Tel.: 04488 848760, Fax: 04488 848768, E-Mail: Paramente-Westerstede@gmx.de
- Kaiserswerther Paramente, Fröse + Stengert GbR, Alte Landstr. 179, 40489 Düsseldorf, Tel.: 0211 4093779, E-Mail: info@kaiserswerther-paramente.de
- Knotenpunkt Werkstatt für Textiles, Elke Gassen, Hofgut Hagenbach 1, 71522 Backnang, Tel./Fax: 07191 902450, E-Mail: knoten-punkt@t-online.de
- Textil im Raum, Sabine Bretschneider, Harnackstr. 2, 39104 Magdeburg, Tel.: 0391 5437579, Fax: 0391 5448935, E-Mail: info@textil-im-raum.de
- Textilkunst im Kirchenraum, Paramentenwerkstatt-Handweberei-Handstickerei, Gabriele Backhaus, Maria Reise, Karlsplatz 27–31, 99817 Eisenach, Tel./Fax: 03691 260267, E-Mail: paramentik@textilkunst-eisenach.de
- Textil-Werkstatt, Gudrun Willenbockel, Pfeifferstr. 10, 39114 Magdeburg, Tel.: 0391 8505260, E-Mail: textil.willenbockel@gmx.de
- Werkstatt für Paramente und Textilkunst, Annett Hildebrand, Lauensteiner Str. 13a, 01277 Dresden, Tel.: 0351 3148821, E-Mail: paramente-dresden@gmx.de
- Werkstatt für Paramentik und Textilkunst, Angelika A. Beckmann, Brüder-Grimm-Str. 67, 36100 Petersberg, Tel.: 0661 66172, E-Mail: beckmann.angelika@web.de
- Zink.Gensichen. GbR Gestaltung, Agnes Gensichen, Wachsmuthstr. 3, 04229 Leipzig, Tel.: 0341 4926890, E-Mail: kontakt@zink-gensichen.de

Verband ev. Kirchenmusikerinnen u. Kirchenmusiker in Deutschland, KMD Christoph Bogon, Wehrer Str. 5, 79650 Schopfheim, Tel.: 07622 6848798, E-Mail: bogon@ekima.info, Internet: www.kirchenmusik-vem.de

12. Bibel, Buchwesen, Publizistik und Medien

„Aktion: In jedes Haus" (AJH), Telegrafenstr. 25, 42477 Radevormwald, Tel.: 02195 9156-0, Fax: 02195 9156-19, E-Mail: ajh@ajh-info.de, Internet: www.ajh-info.de www.entdecke-neues.de, feiertage-ausstellung.de (Spenden: KD-Bank Dortmund, IBAN: DE 76 3506 0190 1011 4140 16, BIC: GENODED1DKD)
Arbeitsgemeinschaft der ev. Medienzentralen, *Vors.*: Klaus Ploth, Hummelsteiner Weg 100, 90459 Nürnberg, Tel.: 0911 4304215, Fax: 0911 4304214, E-Mail: ploth@evangelische-medienzentralen.de, Internet: www.evangelische-medienzentralen.de
Canstein Bibelzentrum Halle, Franckeplatz 1/Haus 24, 06110 Halle/Saale, Tel. u. Fax: 0345 2902366, E-Mail: kontakt@canstein-halle.de, Internet: www.canstein-halle.de
Christlicher Medienverbund KEP e.V., Steinbühlstr. 3, 35578 Wetzlar, Tel.: 06441 915-151, Fax: 06441 915-157, E-Mail: info@kep.de, Internet: www.kep.de
Christliches Medienmagazin pro, Steinbühlstr. 3, 35578 Wetzlar, Tel.: 06441 915-151, Fax: 06441 915-157, E-Mail: info@pro-medienmagazin.de, Internet: www.pro-medienmagazin.de
Deutsche Bibelgesellschaft. Balinger Str. 31a, 70567 Stuttgart, Tel.: 0800 2423546, Fax: 0711 7181-0, E-Mail: zentrale@dbg.de, Internet: www.dbg.de (Konto Weltbibelhilfe: EKK Stgt., Kto. 0 415 073, BLZ 520 604 10)
ERF Medien e.V., Berliner Ring 62, 35576 Wetzlar, Tel.: 06441 957-1414, Fax: 06441 957-51120, E-Mail: info@erf.de, Internet: www.erf.de (Konto: EKK Kassel, Kto. 4 112 911, BLZ 520 604 10)

Evangelisches Literaturportal e.V., Bürgerstr. 2a, 37073 Göttingen, Tel.: 0551 500759-0,
  Fax: 0551 500759-19, E-Mail: info@eliport.de, Internet: www.eliport.de
Ev. Pressedienst (epd), Zentralredaktion, Emil-von-Behring-Str. 3, 60439 Frankfurt a.M.,
  Postfach 50 05 50, 60394 Frankfurt a.M., Tel.: 069 58098-0, Fax: 069 58098-272,
  E-Mail: info@epd.de, Internet: epd.de
Fliedner Kulturstiftung Kaiserswerth, *Gf.:* Dr. Norbert Friedrich, Zeppenheimer Weg 20,
  40489 Düsseldorf, Tel.: 0211 56673-780, Fax: 0211 56673-771,
  E-Mail: friedrich@fliedner-kulturstiftung.de, Internet: www.fliedner-kulturstiftung.de
Gemeinschaftswerk der Evangelischen Publizistik gGmbH (GEP). Emil-von-Behring-Str. 3,
  60439 Frankfurt am Main, Tel.: 069 58098-0, Fax: 069 58098-100, E-Mail: info@gep.de,
  Internet: www.gep.de
idea e.V. Evangelische Nachrichtenagentur, Steinbühlstr. 3, 35578 Wetzlar, Postfach 18 20,
  35528 Wetzlar, Tel.: 06441 915-0, Fax: 06441 915-118, E-Mail: idea@idea.de,
  Internet: www.idea.de
Matthias-Film gGmbH, Zimmerstr. 90, 10117 Berlin, Tel.: 030 21005490,
  Fax: 030 210054929, E-Mail: info@matthias-film.de, Internet: www.matthias-film.de
Medienmission Lutherische Stunde e.V. *Vors.:* Pfr. em. Dr. Horst Neumann,
  Gf.: Dipl.-Bibl. Petra Schmid, An der Bahn 51, 27367 Sottrum, Tel.: 04264 2436,
  Postfach 11 62, D-27363 Sottrum, E-Mail: info@lutherischestunde.de,
  Internet: www.lutherischestunde.de (Konto: SpK Rotenburg – Bremervörde,
  (IBAN: DE84 2415 1235 0026 3333 36, BIC: BRLADE21ROB)
Ökumenische Arbeitsgemeinschaft für Bibellesen (ÖAB), Caroline-Michaelis-Str. 1,
  10115 Berlin, Tel.: 030 652 11-1862, Fax: 030 652 11-3862, E-Mail: info@oeab.de,
  Internet: www.oeab.de
Vereinigung Ev. Buchhändler u. Verleger e.V., Waldstr. 24, 33739 Bielefeld,
  Tel.: 05206 9163667, Fax: 05206 9163855, E-Mail: mail@veb-medien.de,
  Internet: www.veb-medien.de

13. Evangelische Einkehrstätten (Orte der Stille)

Arbeitsgemeinschaft für Ev. Einkehrtage in der EKD, Hauptstr. 94, 17498 Weitenhagen,
  Tel.: 03834 8033-0, Fax: 03834 8033-11, E-Mail: anmeldung-hds@weitenhagen.de,
  Internet: www.weitenhagen.de
Ansverus-Haus, Vor den Hegen 20, 21521 Aumühle, Tel.: 04104 9706-0,
  Fax: 04104 9706-30, E-Mail: service@ansverus-haus.de, Internet: www.ansverus-haus.de
Berneuchner Haus – Kloster Kirchberg, 72172 Sulz/Neckar, Tel.: 07454 8830,
  Fax: 07454 883250, E-Mail: empfang@klosterkirchberg.de,
  Internet: www.klosterkirchberg.de
Communität Casteller Ring e.V., Schwanberg 3+4, 97348 Rödelsee, Tel.: 09323 32-0,
  Fax: 09323 32-209, E-Mail: ccr@schwanberg.de, Internet: www.schwanberg.de
Communität Christusbruderschaft Selbitz, Wildenberg 23, 95152 Selbitz,
  Tel.: 09280 68-0, Fax: 09280 6868, E-Mail: selbitz@christusbruderschaft.de,
  Internet: www.christusbruderschaft.de
Ev. Gethsemanekloster. Gut Riechenberg 1, 38644 Goslar-Riechenberg, Tel.: 05321 21712,
  Fax: 05321 1683, Internet: www.gethsemanekloster.de
Ev. Zentrum Kloster Drübeck, Haus der Stille. Klostergarten 6, 38871 Ilsenburg OT Drübeck
  (bei Wernigerode/Harz), Tel.: 039452 94329, Fax: 039452 94311,
  E-Mail: hds@kloster-druebeck.de, Internet: www.kloster-druebeck.de
Geistliches Zentrum Kloster Bursfelde, Klosterhof 5, 34346 Hann.-Münden,
  OT Bursfelde, Tel.: 05544 1688, Fax: 05544 1758, E-Mail: info@Kloster-Bursfelde.de,
  Internet: www.Kloster-Bursfelde.de
Geistliches Zentrum Schwanberg e.V., Schwanberg 1+3, 97348 Rödelsee, Tel.: 09323 32-0,
  Fax: 09323 32-209, E-Mail: info@schwanberg.de, Internet: www.schwanberg.de
Haus der Stille – Bethel. Am Zionswald 5, 33617 Bielefeld, Tel.: 0521 144-2520, Fax: 0521
  144-5482, E-Mail: HausDerStille@bethel.de, Internet: www.haus-der-stille-bethel.de

Haus der Stille – Grumbach. Am oberen Bach 6, 01723 Grumbach/Sachsen,
 Tel.: 035204 48612, Fax: 035204 39666, E-Mail: grumbach@hausderstille.de,
 Internet: www.haus-der-stille.net
Haus der Stille – Rengsdorf. Meditations- u. Einkehrzentrum der Ev. Kirche im Rheinland,
 Melsbacher Hohl 5, 56579 Rengsdorf, Tel.: 02634 920510, Fax: 02634 920517,
 E-Mail: anmeldung.hds@ekir.de, Internet: www.haus-der-stille-rengsdorf.de
Haus der Stille – Waldhof-Elgershausen. 35753 Greifenstein, Tel.: 06449 6798,
 Fax: 06449 6797, E-Mail: info@haus-der-stille.net, Internet: www.haus-der-stille.net
Jesus-Bruderschaft Gnadenthal, Haus der Stille, 65597 Hünfelden, Tel.: 06438 81370,
 Fax: 06438 81365, E-Mail: haus-der-stille@jesus-bruderschaft.de,
 Internet: www.jesus-bruderschaft.de
Julius-Schniewind-Haus e.V., Seelsorge- und Tagungsheim in der Ev. Kirche in Mittel-
 deutschland (EKM), Calbesche Str. 38, 39218 Schönebeck, Tel.: 03928 781-0,
 Fax: 03928 781-106, E-Mail:info@schniewind-haus.de, Internet: www.schniewind-
 haus.de (Konto: Kd-Bank Dortmund, IBAN: DE92 3506 0190 1565 883 026)
Kloster Triefenstein – Christusträger Bruderschaft, Am Kloster 2, 97855 Triefenstein,
 Tel.: 09395 777-110, Fax: 09395 777-113, E-Mail: tr-triefenstein@christustraeger.org,
 Internet: www.christustraeger-bruderschaft.org
Kloster Wennigsen, Klosteramthof 3, 30974 Wennigsen, Tel.: 05103 453, Fax: 05103 496,
 E-Mail: info@kloster-wennigsen.de, Internet: www.kloster-wennigsen.de
Kloster Wülfinghausen, 31832 Springe, Tel.: 05044 88160, Fax: 05044 881679,
 E-Mail: info@kloster-wuelfinghausen.de, Internet: www.kloster-wuelfinghausen.de
Kommunität Imshausen. 36199 Bebra, Tel.: 06622 7363, Fax: 06622 1807,
 E-Mail: kontakt@kommunitaet-imshausen.de, Internet: www.kommunitaet-imshausen.de
Stift Urach – Einkehrhaus der Ev. Landeskirche in Württemberg, Bismarckstr. 12,
 72574 Bad Urach, Tel.: 07125 9499-0, Fax: 07125 9499-99, E-Mail: info@stifturach.de,
 Internet: www.stifturach.de

Weitere Hinweise unter www.ekd.de/Glauben & Leben/Kloster

B) Andere Kirche
und interkonfessionelle Zusammenschlüsse

1. Die katholische Kirche

Deutsche Bischofskonferenz, Kaiserstr. 161, 53113 Bonn, Tel.: 0228 103-0,
 Fax: 0228 103-299, E-Mail: Sekretariat@dbk.de, Internet: www.dbk.de
Verband der Diözesen Deutschlands, Kaiserstr. 161, 53113 Bonn, Tel.: 0228 103-0,
 Fax: 0228 103-371, E-Mail: vdd@dbk.de, Internet: www.dbk.de
Deutscher Caritasverband, Karlstr. 40, 79104 Freiburg i. Br., Tel.: 0761 200-0,
 Fax: 0761 200-572, E-Mail: info@caritas.de, Internet: www.caritas.de
KNA-Katholische Nachrichten-Agentur GmbH, Postfach 1840, 53008 Bonn,
 Tel.: 0228 26000-0, Fax: 0228 26000-196, E-Mail: bonn@kna.de, Internet: www.kna.de
Zentralkomitee der deutschen Katholiken, Hochkreuzallee 246, 53175 Bonn,
 Postfach 24 01 41, 53154 Bonn, Tel.: 0228 38297-0, Fax: 0228 38297-44,
 E-Mail: info@zdk.de, Internet: www.zdk.de

2. Die orthodoxen Kirchen

Orthodoxe Bischofskonferenz in Deutschland (OBKD), Splintstr. 6a, 44139 Dortmund,
 Tel.: 0231 1899795, E-Mail: orthodoxe-kirche@web.de, Internet: www.obkd.de
Orthodoxe Medien e.V. Splintstr. 6a, 44139 Dortmund, Tel.: 0231 1899795,
 Fax: 0231 1899796, E-Mail: orthodoxe-medien@t-online.de

Ein Gesamtverzeichnis aller orthodoxen Bistümer und Gemeinden ist bei der OBKD oder der Gesellschaft Orthodoxe Medien erhältlich

Mitgliedsbistümer:
1. Griechisch-Orthodoxe Metropolie von Deutschland und Exarchat von Zentraleuropa (KdöR)
2. Exarchat der orthodoxen Gemeinden russischer Tradition in Westeuropa
3. Ukrainische Orthodoxe Eparchie von Westeuropa
4. Griechisch-Orthodoxe Metropolie des Patriarchats von Antiochien für Deutschland und Westeuropa
5. Berliner Diözese der Russischen Orthodoxen Kirche des Moskauer Patriarchats (KdöR)
6. Russisch Orthodoxe Diözese des orthodoxen Bischofs von Berlin und Deutschland (Russische Orthodoxe Kirche im Ausland / KdöR)
7. Ständige Vertretung der Russischen Orthodoxen Kirche des Moskauer Patriarchats in Deutschland
8. Serbische Orthodoxe Diözese für Mitteleuropa
9. Rumänische Orthodoxe Metropolie für Deutschland (KdöR), Zentral- und Nordeuropa
10. Bulgarische Diözese von West- und Mitteleuropa
11. Westeuropäische Diözese der Georgischen Orthodoxen Kirche

Armenisch-Apostolische Orthodoxe Kirche in Deutschland, Allensteiner Str. 5, 50735 Köln, Tel.: 0221 7126223, Fax: 0221 7126267, E-Mail: armenische_dioezese@hotmail.com, Internet: www.armenische-kirche.de
Äthiopisch-Orthodoxe Kirche, St. Mikaelskirche, Ückeratherstr. 2, 50739 Köln, Tel. und Fax: 0221 599 2623, E-Mail: aeokd@web.de, www.aethiopisch-orthodoxe-kirche-deutschland.de
Koptisch-Orthodoxe Kirche in Deutschland, Koptisch-Orth. Kloster, Propsteistr. 1a, 37671 Höxter-Brenkhausen, Tel. und Fax: 05271 18905, E-Mail: webmaster@kopten.de, Internet: www.kopten.de
Syrische Orthodoxe Kirche von Antiochien in Deutschland, Kloster Mor Jakob v. Sarug, Klosterstr. 10, 34414 Warburg, Tel.: 05641 740564, Fax: 05641 741868, E-Mail: info@syrisch-orthodox.org

3. Interkonfessionelle Zusammenschlüsse

Arbeitsgemeinschaft Christlicher Kirchen in Deutschland e.V. (ACK) – Ökumenische Centrale Frankfurt, Ludolfusstr. 2–4, 60487 Frankfurt a.M.; Tel.: 069 247027-0, Fax: 069 247027-30, E-Mail: info@ack-oec.de, Internet: www.oekumene-ack.de

Zur Arbeitsgemeinschaft Christlicher Kirchen in Deutschland e.V. gehören:
1. Vors.: Bischof Dr. Karl-Heinz Wiesemann, Speyer (Römisch-katholische Kirche).
Stellv. Vors.: Frau Bischöfin Rosemarie Wenner (Evangelisch-methodistische Kirche).
Stellv. Vors.: Bischof Prof. Dr. Martin Hein (Evangelische Kirche von Kurhessen-Waldeck). Erzpriester Radu Constantin Miron, Brühl (Orthodoxe Bischofskonferenz in Deutschland OBKiD), Pastor Heinrich Lüchtenborg (Evangelisch-altreformierte Kirche in Niedersachsen).
Gf.: Dr. Elisabeth Dieckmann, Deutscher Ökumenischer Studienausschuss (DÖSTA): Prof. Dr. Uwe Swarat

Mitglieder:
Äthiopisch-Orthodoxe Kirche in Deutschland, Ückerather Str. 2, 50739 Köln, Tel./Fax: 0221 5992623, E-Mail: aeokd@web.de
Arbeitsgemeinschaft Anglikanisch-Episkopaler Gemeinden in Deutschland, St. George's Anglican Church, Preußenallee 17-19, 14052 Berlin, Telefon: 030 3041280, E-Mail: berlin.anglican@gmx.de

Arbeitsgemeinschaft Mennonitischer Gemeinden in Deutschland, Stauferstr. 43,
   85051 Ingolstadt, Tel.: 0841 9008216, E-Mail: amg.frieder.boller@mennoniten.de,
   Internet: www.mennoniten.de
Armenisch-Apostolische Orthodoxe Kirche in Deutschland, Allensteiner Str. 5,
   50735 Köln, Telefon: 0221 7126223, Fax: 0221 7126267,
   E-Mail: armenische_dioezese@hotmail.com, Internet: www.armenische-kirche.de
Bund Evangelisch-Freikirchlicher Gemeinden in Deutschland K.d.ö.R. (Baptisten), Johann-
   Gerhard-Oncken-Str. 7, 14641 Wustermark, Tel.: 033234 74-0, Fax: 033234 74-199,
   E-Mail: BEFG@baptisten.org, Internet: www.baptisten.de
Die Heilsarmee in Deutschland, Nationales Hauptquartier, Salierring 23–27, 50677 Köln,
   Telefon: 0221 20819-0, Fax: 0221 20819-51, E-Mail: info@heilsarmee.de,
   Internet: www.heilsarmee.de
Evangelisch-altreformierte Kirche in Niedersachsen, Hauptstr. 33, 49824 Laar,
   Tel.: 05947 242, E-Mail: synode@altreformiert.de, Internet: www.altreformiert.de
Evangelisch-methodistische Kirche in Deutschland K.d.ö.R., Ludolfusstr. 2–4,
   60487 Frankfurt a.M., Tel.: 069 242521-0, Fax: 069 242521-29,
   E-Mail: kirchenkanzlei@emk.de, Internet: www.emk.de
Evangelische Brüder-Unität Herrnhuter Brüdergemeine, Zittauer Str. 20, 02747 Herrnhut,
   Postfach 21, 02745 Herrnhut, Tel.: 035873 487-0, Fax: 035873 487-99,
   E-Mail: info@ebu.de, Internet: www.herrnhuter.de
Evangelische Kirche in Deutschland, Herrenhäuser Str. 12, 30419 Hannover,
   Postfach 21 02 20, 30402 Hannover, Tel.: 0511 2796-0, Fax: 0511 2796-707,
   E-Mail: ekd@ekd.de, Internet: www.ekd.de
Katholisches Bistum der Alt-Katholiken in Deutschland, Gregor-Mendel-Str. 28,
   53115 Bonn, Tel.: 0228 232285, Fax: 0228 238314, E-Mail: ordinariat@alt-katholisch.de,
   Internet: www.alt-katholisch.de
Koptisch-Orthodoxe Kirche in Deutschland, Propsteistr. 1a, 37671 Höxter-Brenkhausen,
   Tel.: 05271 18905, Fax: 05271 36742, E-Mail: Bischof@Koptisches-Kloster-Hoexter.de
Mülheimer Verband Freikirchlich-Evangelischer Gemeinden (MV) e.V.,
   Habenhauser Dorfstr. 27, 28279 Bremen, Tel.: 0421 8399130, Fax: 0421 8399136,
   E-Mail: geschaeftsstelle@muelheimer-verband.de, Internet: www.muelheimer-verband.de
Orthodoxe Bischofskonferenz in Deutschland, Splintstr. 6a, 44139 Dortmund,
   Tel.: 0231 1899795, Fax: 0231 1899796, E-Mail: orthodoxe-kirche@web.de,
   Internet: www.obkd.de
Römisch-katholische Kirche (Deutsche Bischofskonferenz-Verband der Diözesen
   Deutschlands), Kaiserstr. 161, 53113 Bonn, Tel.: 0228 103-0, Fax: 0228 103-330,
   E-Mail: Sekretariat@dbk.de, Internet: www.dbk.de
Selbständige Evangelisch-Lutherische Kirche, Schopenhauerstr. 7, 30625 Hannover,
   Postfach 69 04 07, 30613 Hannover, Telefon: 0511 557808, Fax: 0511 551588,
   E-Mail: selk@selk.de, Internet: www.selk.de
Syrische Orthodoxe Kirche von Antiochien in Deutschland, Kloster Mor Jakob v. Sarug,
   Klosterstr. 10, 34414 Warburg, Tel.: 05641 740564, Fax: 05641 741868,
   E-Mail: info@syrisch-orthodoxe-kirche.de

Gastmitglieder:
Apostelamt Jesu Christi, Madlower Hauptstr. 39, 03050 Cottbus, Tel.: 0355 541227,
   Fax: 0355 4855617, E-Mail: kha@kirche-apostelamt-jesu-christi.eu,
   Internet: www.kirche-ajc.de
Bund Freier evangelischer Gemeinden in Deutschland, Goltenkamp 4, 58452 Witten,
   Postfach 40 05, 58426 Witten, Tel.: 02302 937-12, Fax: 02302 937-99,
   E-Mail: bund@feg.de, Internet: www.feg.de
Bund Freikirchlicher Pfingstgemeinden (BFP) in Deutschland, Industriestr. 6–8,
   64390 Erzhausen, Tel.: 06150 9737-0, Fax: 06150 9737-97, E-Mail: bfp@bfp.de,
   www.bfp.de
Freikirche der Siebenten-Tags-Adventisten in Deutschland – Referat für zwischenkirchliche
   Beziehungen, Senefelderstr. 15, 73760 Ostfildern-Ruit, Tel.: 0711 44819-14,
   Fax: 0711 448 19-60, E-Mail: info@adventisten.de, Internet: www.adventisten.de

Ständige Beobachter:

Arbeitsgemeinschaft Ökumenischer Kreise e.V. (AÖK), Alpenstr. 6,
82418 Hofheim/Murnau, Tel.: 08847 6141, Fax: 08847 6075,
E-Mail: aoekreise.steineck@t-online.de, Internet: www.aoek.de

Christinnenrat, c/o EFiD, Berliner Allee 9–11, 30175 Hannover, Tel.: 0511 89768-140,
Fax: 0511 89768-199, E-Mail: info@christinnenrat.de, Internet: www.christinnenrat.de

Evangelisches Missionswerk Deutschland (EMW), Normannenweg 17–21, 20537 Hamburg,
Tel.: 040 25456-0, Fax: 040 25429-87, E-Mail: info@emw-d.de, Internet: www.emw-d.de

Religiöse Gesellschaft der Freunde (Quäker), Deutsche Jahresversammlung e.V.,
Internet: www.rgdf.de
Quäkerbüro: Planckstr. 20, 10117 Berlin, Tel.: 030 2082284, Fax: 030 20458142,
E-Mail: berlin@quaeker.org
Quäkerhaus: Bombergallee 9, 31812 Bad Pyrmont, Tel.: 05281 4413,
E-Mail: pyrmont@quaeker.org

Weitere Zusammenschlüsse

Christliche Friedenskonferenz (CFK), Ernst Uhl, Landrat-Berthold-Str. 15, 28779 Bremen,
Tel.: 0421 604501

Gesellschaften für Christlich-Jüdische Zusammenarbeit-Deutscher Koordinierungsrat e.V.,
Otto-Weiß-Str. 2, 61231 Bad Nauheim, Tel.: 06032 9111-0, Fax: 06032 911125,
E-Mail: info@deutscher-koordinierungsrat.de

C) Ökumenische und internationale Organisationen

Ökumenische Organisationen

Aktion Sühnezeichen Friedensdienste e.V., Auguststr. 80, 10117 Berlin, Tel.: 030 28395184,
Fax: 030 28395135, E-Mail: asf@asf-ev.de, Internet: www.asf-ev.de
(Konto: B. f. Sozialwirtschaft Berlin, Kto. 3 113 700, BLZ 100 205 00)

ICJA Freiwilligenaustausch weltweit e.V., Stralauer Allee 20 E, 10245 Berlin, Tel.: 030
21238252, Fax: 030 21238253, E-Mail: icja@icja.de, Internet: www.icja.de

Ökumenischer Rat der Kirchen (World Council of Churches). 150 route de Ferney,
P.O. Box 2100, 1211 Geneva 2, Switzerland, Tel.: 0041 795076363,
Fax: 0041 227916704, E-Mail: infowcc@wcc-coe.org, Internet: www.wcc-coe.org

Ökumenisches Studienwerk e.V., Girondelle 80, 44799 Bochum, Tel.: 0234 93882-0

Stiftung Oekumene, Lindenspürstr. 30, 70176 Stuttgart, Tel.: 0711 2265690,
E-Mail: ecunet@t-online.de, Internet: www.ecunet.de
(Bank: Frankfurter Sparkasse, Kto. 100 008, BLZ 500 502 01)

Internationale Organisationen

Baptistischer Weltbund (Baptist World Alliance), 405 N. Washington St., Falls Church,
VA 22046, Tel.: 001 703-790-8980 ext 130, Fax: 703-893-5160, E-Mail: bwa@bwanet.org,
Internet: www.bwanet.org

Christlicher Studentenweltbund (World Student Christian Federation) WSCF, Inter-
Regional-Office (IRO): Ecumenical Centre 5, route des Morillons, P.O.Box 2100,
CH-1211 Geneva 2, Tel.: 0041 227916358, Fax: 0041 227916152. E-Mail: wscf@wscf.ch,
Internet: www.wscfglobal.org

Europäischer Verband für Diakonie-Eurodiaconia, Rue Joseph II, 166, B-1000 Bruxelles,
Tel.: 0032 2-2343860, Fax: 0032 2-2343865, E-Mail: office@eurodiaconia.org,
Internet: www.eurodiaconia.org

Internationaler Versöhnungsbund e.V. – Deutscher Zweig, Schwarzer Weg 8, 32427 Minden,
    Tel.: 0571 850875, Fax: 0571 8292387, E-Mail: vb@versoehnungsbund.de,
    Internet: www.versoehnungsbund.de (Konto: Sparkasse Minden-Lübbecke,
    IBAN: DE20 4905 0101 0040 0906 72, BIC: WE LA DE D1 MIN)
Konferenz Europäischer Kirchen (KEK), Postfach 2100; 150 Route de Ferney,
    CH-1211 Genf 2, Tel.: 0041 22791 6111, Fax: 0041 227916227,
    E-Mail: cec@cec-kek.org, Internet: www.ceceurope.org
Lutherischer Weltbund (The Lutheran World Federation), P.O. Box 2100,
    Route de Ferney 150, CH-1211 Genf 2, Tel.: 0041 22-7916111, Fax: 0041 22-7916630,
    E-Mail: info@lutheranworld.org, Internet: www.lutheranworld.org
Mennonitische Weltkonferenz (Mennonite World Conference/Congreso Mindial
    Menonita), Calle 28A No. 16–41 Piso 2, Bogotá, Colombia, Tel.: 0057 1 287 5738,
    E-Mail: bogota@mwc-cmm.org, Internet: www.mwc-cmm.org
Welt der Christlichen Vereine Junger Männer (World Alliance of Young Men's Christian
    Associations), 12, Clos Belmont, CH-1208 Genf, Tel.: 0041 22-8495100,
    Fax: 0041 22-8495110, E-Mail: office@ymca.int, Internet: www.ymca.int
Weltbund Christlicher Verbände Junger Frauen (World Young Women's Christian
    Association), Hauptsitz: 16 Ancienne Route, Grand Saconnex, CH-1218 Genf,
    Tel.: 0041 22-9296040, Fax: 0041 22-9296044, E-Mail: worldoffice@worldywca.org,
    Internet: www.worldywca.org
Weltgemeinschaft Reformierter Kirchen (World Communion of Reformed Churches)
    Knochenhauerstr. 42, 30159 Hannover, Tel.: 0511 897383-10, Fax: 0511 897383-11,
    E-Mail: wcrc@wcrc.eu, Internet: www.wcrc.ch
Weltrat methodistischer Kirchen (World Methodist Council – WMC),
    P.O. Box 518, 545 North Lakeshore Drive, Lake Junaluska, NC 28745 USA,
    E-Mail: georgefreeman@mindspring.com, Internet: www.worldmethodistcouncil.org
Weltverband der Bibelgesellschaften (United Bible Societies), World Service Centre,
    6th Floor, Reading Bridge House, Reading RG1 8PJ, England, Tel.: 0044 118 9500200,
    Fax: 0044 118 9500857, Internet: www.unitedbiblesocieties.org

D) Die Synagoge

Ev.-luth. Zentralverein für Begegnung von Christen u. Juden e.V., Archivstr. 3,
    30169 Hannover, Tel.: 0511 1241-493, Fax: 0511 1241-499,
    E-Mail: walther@kirchliche-dienste.de, Internet: www.kirchliche-Dienste.de/
    themen/36/204/532/meldung/detail.htm
Jüdische Allgemeine, Johannisstr. 5, 10117 Berlin, Postfach 04 03 69, 10062 Berlin,
    Tel.: 030 275833-0, Fax: 030 275833-199, E-Mail: redaktion@juedische-allgemeine.de,
    Internet: www.juedische-allgemeine.de
Leo Baeck Bookshop, Hausvogteiplatz 12, 10117 Berlin, Tel.: 030 499888-70,
    Fax: 030 499888-77, E-Mail: Books@Leo-Baeck.de, Internet: www.leo-baeck.de
Orthodoxe Rabbinerkonferenz Deutschland, Roonstr. 50, 50674 Köln, Tel.: 0221 92156020,
    Fax: 0221 92156019, E-Mail: info@ordonline.de, Internet: www.ordonline.de
Zentralrat der Juden in Deutschland K.d.ö.R., Leo-Baeck-Haus, Postfach 04 02 07,
    10061 Berlin, Tel.: 030 284456-0, Fax: 030 284456-13, E-Mail: info@zentralratdjuden.de,
    Internet: www.zentralratdjuden.de
Zentralwohlfahrtsstelle der Juden in Deutschland e.V., Hebelstr. 6, 60318 Frankfurt a.M.,
    Tel.: 069 9443710, Fax: 069 494817, E-Mail: zentrale@zwst.org, Internet: www.zwst.org

(Stand: Mai 2014; Angaben ohne Gewähr)

Stundenplan

Montag	Dienstag	Mittwoch	Uhr

Stundenplan

Donnerstag	Freitag	Sonnabend	Uhr

Stundenplan

Montag	Dienstag	Mittwoch	Uhr

Stundenplan

Donnerstag	Freitag	Sonnabend	Uhr

Stundenplan

Montag	Dienstag	Mittwoch	Uhr

Stundenplan

Donnerstag	Freitag	Sonnabend	Uhr

Anwesenheitsliste

Nr.	Name	Ge-burts-tag	Datum					

Datum

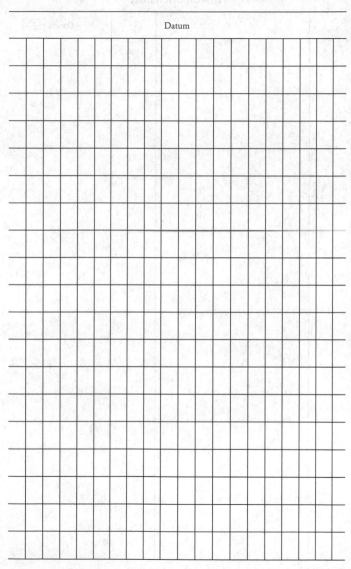

Anwesenheitsliste

Nr.	Name	Ge-burts-tag	Datum					

Anwesenheitsliste

Nr.	Name	Ge-burts-tag	Datum				

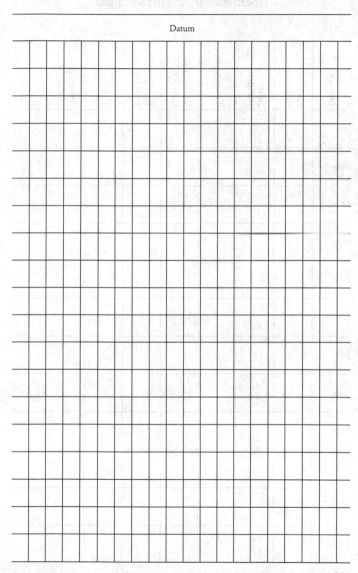

Übersicht der Amtshandlungen

Monate	Gottes-dienste	Bibel-stunden	Trauungen	Vorkonfir-manden	Konfir-manden	Taufen	Seelsorge-gespräche	Einzel-beichte
Jan.								
Feb.								
März								
April								
Mai								
Juni								
Juli								
Aug.								
Sept.								
Okt.								
Nov.								
Dez.								

Zur Zählung der Amtshandlungen setzt man in jedes Kästchen für jede einen kurzen senkrechten Strich und jeden fünften als Querstrich. Auf diese Weise lassen sich in jedem Kästchen bis 20 Amtshandlungen anzeichnen.

Andachten	Abendmahl		Beerdigungen	Gemeinde-besuche	Kranken-besuche	Arbeitsbe-sprechungen	Seminare, Arbeitsreisen	
	Gottes-dienst	einzeln						

Übersicht der Amtshandlungen

Monate	Gottes-dienste	Bibel-stunden	Trauungen	Vorkonfir-manden	Konfir-manden	Taufen	Seelsorge-gespräche	Einzel-beichte
Jan.								
Feb.								
März								
April								
Mai								
Juni								
Juli								
Aug.								
Sept.								
Okt.								
Nov.								
Dez.								

Zur Zählung der Amtshandlungen setzt man in jedes Kästchen für jede einen kurzen senkrechten Strich und jeden fünften als Querstrich. Auf diese Weise lassen sich in jedem Kästchen bis 20 Amtshandlungen anzeichnen.

| Andachten | Abendmahl | | Beerdigungen | Gemeinde-besuche | Kranken-besuche | Arbeitsbe-sprechungen | Seminare, Arbeitsreisen | |
	Gottes-dienst	einzeln						

Notizen

Kontennummern/Telefonnummern

Name	Nummer

Ferientermine 2015/2016
in den Ländern der Bundesrepublik Deutschland (allgemeinbildende Schulen)

Land	Weihnachtsferien 2014/2015	Winterferien 2015	Osterferien 2015	Pfingstferien 2015	Sommerferien 2015	Herbstferien 2015	Weihnachtsferien 2015/2016	Winterferien 2016
Baden-Württemberg	22.12.–05.01.	–	30.03.–10.04.	26.5.–06.06.	30.07.–12.09.	02.11.–06.11.	23.12.–09.01.	–
Bayern	24.12.–05.01.	16.02.–20.02.	30.03.–11.04.	26.05.–05.06.	01.08.–14.09.	02.11.–07.11.	24.12.–05.01.	08.02.–12.02.
Berlin	22.12.–02.01.	02.02.–07.02.	30.03.–11.04.	15.05.	15./16.07.–28.08.	19.10.–31.10.	23.12.–02.01.	01.02.–06.02.
Brandenburg	22.12.–02.01.	02.02.–07.02.	01.04.–11.04.	15.05.	16.07.–28.08.	19.10.–30.10.	23.12.–02.01.	01.02.–06.02.
Bremen	22.12.–05.01.	02.02.–03.02.	25.03.–10.04.	26.05.	23.07.–02.09.	19.10.–31.10.	23.12.–06.01.	28.01.–29.01.
Hamburg	22.12.–06.01.	30.01.	02.03.–13.03.	11.05.–15.05.	16.07.–26.08.	19.10.–30.10.	21.12.–01.01.	29.01.
Hessen	22.12.–10.01.	–	30.03.–11.04.	–	27.07.–04.09.	19.10.–31.10.	23.12.–09.01.	–
Mecklenb.-Vorpomm.	22.12.–02.01.	02.02.–14.02.	30.03.–08.04.	22.05.–26.05.	20.07.–29.08.	24.10.–30.10.	21.12.–02.01.	01.02.–13.02.
Niedersachsen	22.12.–05.01.	02.02.–03.02.	25.03.–10.04.	15.05./26.05.	23.07.–02.09.	19.10.–31.10.	23.12.–06.01.	28.01.–29.01.
Nordrhein-Westfalen	22.12.–06.01.	–	30.03.–11.04.	26.05.	29.06.–11.08.	05.10.–17.10.	23.12.–06.01.	–
Rheinland-Pfalz	22.12.–07.01.	–	26.03.–10.04.	–	27.07.–04.09.	19.10.–30.10.	23.12.–08.01.	–
Saarland	02.12.–07.01.	16.02.–21.02.	30.03.–11.04.	–	27.07.–05.09.	19.10.–31.10.	21.12.–02.01.	08.02.–13.02.
Sachsen	22.12.–03.01.	09.02.–21.02.	02.04.–11.04.	15.05.	13.07.–21.08.	12.10.–24.10.	21.12.–02.01.	08.02.–20.02.
Sachsen-Anhalt	22.12.–05.01.	02.02.–14.02.	02.04.	15.05.–23.05.	13.07.–26.08.	17.10.–24.10.	21.12.–05.01.	01.02.–10.02.
Schleswig-Holstein	22.12.–06.01.	–	01.04.–17.04.	15.05.	20.07.–29.08.	19.10.–31.10.	21.12.–06.01.	–
Thüringen	22.12.–03.01.	02.02.–07.02.	30.03.–11.04.	15.05.	13.07.–21.08.	05.10.–17.10.	23.12.–02.01.	01.02.–06.02.

Anggegeben ist jeweils der erste und letzte Ferientag. Nachträgliche Änderungen einzelner Länder sind vorbehalten.
*Gründonnerstag und Reformationsfest ist schulfrei. **Auf den Nordseeinseln gelten Sonderregelungen.
Liste lt. KMK-Angaben, Stand 19.04.2012. Aktualisierung unter www.kmk.org. Alle Angaben ohne Gewähr.